Joanneke Wiersma

Mit dem TEA-Konzept zu einem erfüllteren Leben

TEA-TIME

Zeit, dein Potenzial zu entdecken

ÜBER DIESES BUCH

Schreiben ist „my cup of tea" – mein Ding. Ich liebe kurze Sätze, Stakkatosätze. Worte, die dich unmittelbar ansprechen, in deinem Kopf widerhallen. Worte, die etwas länger hängen bleiben. Die dich direkt ins Herz treffen. Wenn ich schreibe, vergesse ich die Zeit. Ich gehe ganz und gar darin auf. Mit Worten kann man neue Bilder kreieren, Welten, die es in der Wirklichkeit noch gar nicht gibt. Worte erklären, heilen, verdeutlichen. Worte können verzaubern, wütend machen oder einen in die Verzweiflung stürzen.

Schreiben ist persönlich. Jeder Satz in diesem Buch sagt dir etwas über mich. Das finde ich nicht schlimm. Im Gegenteil. Ich bin sehr mitteilungsfreudig, schon seit ich mein allererstes Wort gesprochen habe. Und davor habe ich mich ohne Worte mitgeteilt. Ich finde es großartig, dass wir uns jetzt ein wenig besser kennenlernen können.

Denn ich lade dich ein, dieses Buch auch als eine Begegnung mit dir selbst zu betrachten. Frage dich immer wieder, ob du mit dem einverstanden bist, was du hier liest, ob es mit deiner Lebenswirklichkeit übereinstimmt. Auch mir begegnen tagtäglich neue Sichtweisen und Dinge, von denen ich erst einmal denke: Oh nein! Aber genau diese Dinge fordern mich heraus, erweitern meinen Horizont und eröffnen mir eine neue Perspektive.

Ich habe ein paar Prinzipien zugrunde gelegt, als ich dieses Buch geschrieben habe. Die möchte ich kurz mit dir teilen:

1. Ich spreche dich direkt und mit „du" an. Ich hoffe, dass dir der Inhalt des Buches dadurch näher kommt, denn in diesem Buch geht es ja um dich!
2. Ich biete dir verschiedene Lese- und Verarbeitungsformen an. So erhältst du immer wieder eine neue Sichtweise auf das Talent, um das es gerade geht. Das eine passt sicher mehr zu dir als das andere und das ist gut.
   a. Die Fotos der wunderbaren Menschen in diesem Buch zeigen, was ihr „cup of tea", „ihr Ding", ist. Sie sind ein Kunstwerk für sich (und Kunst setzt in Bewegung). Für mich ist es ein besonderes Geschenk, dass mein Vater diese Fotos gemacht hat.

b. Die Anregungen, Fragen und Übungen in diesem Praxisbuch laden dich ein, mit „TEA-Time" zu experimentieren und zu arbeiten und andere dabei mit einzubeziehen.
c. Die Reflexionen bieten dir eine Sicht darauf, was Gott dir sagen möchte. Jede dieser Betrachtungen hat ihren eigenen Blickwinkel und ihre individuelle Form. Ich freue mich sehr, dass Rianne, Daniëlle, Jolien, Martine und Marloes dieses Buch mit ihren Beiträgen bereichert haben.
d. Ben, Wilma, Simon, Aty, Bruder Jasper, Jelmer, Els und Martine waren bereit, ihren persönlichen Blick auf das Thema „Talent" mit dir zu teilen. Sie alle haben ihre ganz persönlichen Talente und Hintergründe, ihr eigenes Menschen- und Weltbild. Deshalb ist jedes dieser Interviews es wert, gelesen zu werden!
e. Natürlich lasse ich dich auch an meinen eigenen Gedanken und Theorien Anteil haben und, wo es möglich ist, unterstütze ich sie mit Beispielen.

3. Ich benutze Beispiele aus meinem täglichen Leben, damit du merkst, dass dieses Buch alltagsrelevant ist. In „TEA-Time" geht es um das ganz normale, echte Leben.

Du kannst selbst gerne einige Prinzipien zugrunde legen, während du mit diesem Buch arbeitest. Dinge, die dir helfen, dieses Buch mit Gewinn zu lesen.

1. Lege das Buch immer mal wieder zur Seite. So können die Worte ihre Bedeutung entfalten und du kannst nach und nach entdecken, was sie mit dir und deinem Leben zu tun haben.
2. Reflektiere ab und zu mit anderen darüber, was du über dich selbst herausgefunden hast. Auf diese Weise schaffst du dir eine weitere Möglichkeit, alles zu verarbeiten.
3. Trinke eine ordentliche Kanne Tee, während du liest. Wasser und überhaupt Flüssigkeit sind gut fürs Gehirn und sorgen dafür, dass du dir alles besser behalten kannst.

MY CUP OF TEA/ MEIN DING

- beim Verfassen eines perfekten Bewerbungsschreibens helfen
- kreative Lösungen entwickeln, die wirklich funktionieren
- Blogs mit einer Spur Selbstironie verfassen
- an meinem Tisch viele Gäste mit leckerem Essen bewirten

TEA-TIME

Zeit, dein Potenzial zu entdecken

Mit dem TEA-Konzept zu einem erfüllteren Leben

Joanneke Wiersma

ISBN 978-3-96362-090-4
Original Dutch Title: Your Cup of Tea
© Text Joanneke Wiersma / Uitgeversgroep Jongbloed – Ark Media.
© Photography Hans Havinga 2018 (inside pages). Elisabeth Ismail (photo Ben Tiggelaar).
Typesetting and layout: Marcel Flier.
First published in 2018 by Uitgeversgroep Jongbloed – Ark Media.
www.royaljongbloed.nl www.arkmedia.nl
All rights reserved
Coverphoto and photo teacup: rawpixel.com
© der deutschsprachigen Ausgabe 2019 by Verlag der Francke-Buchhandlung GmbH,
35037 Marburg an der Lahn
Deutsch von Thomas Weißenborn
Gesamtherstellung der deutschen Ausgabe:
Verlag der Francke-Buchhandlung GmbH, 35037 Marburg an der Lahn
Printed in Czech Republic

www.francke-buch.de

INHALT

06		Vorwort
10		Einleitung
23	Teil 1	Talent
24		1.1 Einleitung
36		1.2 Talent analysiert
40		1.3 Identität
58		1.4 Dein Charakter
76		1.5 Werte, Motive und Überzeugungen
95		1.6 Kontext
100		1.7 Energie
110		1.8 Energievorräte auffüllen
114		1.9. Die Innen- und die Außenseite
120	Teil 2	Ehre Gottes
122		2.1 Einleitung
130		2.2 Der Unterschied zwischen Gott und Menschen
134		2.3 Verwende die Dinge so, wie sie gemeint sind
138	Teil 3	Andere
139		3.1 Einleitung
140		3.2 Die anderen – wer ist das?
142		3.3 Andere wirklich verstehen
147		3.4 Methoden zum Zuhören
153		3.5 Talente für deinen Kontext
156		3.6 Siebzehn wilde Ideen
159		Weitere Anregungen
160		Fußnoten

VORWORT

Da liegt sie. Auf dem Boden. Ihre Beinchen strampeln wütend auf und ab. Und ihr Gebrüll ... ich hätte nicht gedacht, dass ein kleines Kind so laut schreien kann. Sie reizt mich bis aufs Blut. Mir schießen alle möglichen Gedanken durch den Kopf: *Mache ich bei ihrer Erziehung etwas falsch? Was ist sie bloß für ein Dickkopf (oh ... sie ist mir so ähnlich ...)! Versteht sie denn nicht, dass ich wirklich nur das Beste für sie will?*

Während des Wutausbruchs meiner Tochter geht mir noch ein Gedanke durch den Kopf: *Ich liebe dich, ganz gleich, wie du dich benimmst!*

ICH WILL ES SELBST MACHEN!

Auf einmal wird mir klar, dass diese Situation dem ähnelt, was sich mitunter zwischen mir und Gott abspielt. Da bin ich auch oft das Kind, *sein* Kind, das trotzig mit dem Fuß aufstampft und nicht das tut, was mein himmlischer Vater für das Beste hält. Ich mache mein eigenes Ding. Verschließe die Ohren. Höre nicht zu. *Ich weiß es schon selbst. Ich brauche dich nicht, Gott. Ich gehe meinen eigenen Weg.* Dieses Verhalten ist im Grunde auch eine Reaktion auf das, was ich in meiner Kindheit über mich selbst in der Kirche gehört habe: „Ich bin in Sünde empfangen und geboren. Aus mir selbst heraus bin ich zu nichts Gutem imstande."

TROTZREAKTION

Als Marketing- und Kommunikationsberaterin weiß ich, dass negative Aussagen hängen bleiben. Kollegen von mir behaupten sogar, negative Publicity sei nicht schlimm. Die Aufmerksamkeit sorge dafür, dass die Marke bzw. das Produkt wieder ins Bewusstsein rückt, und das fördere den Verkauf. Wie wahr es auch sein mag, dass „ich aus mir selbst heraus zu nichts Gutem imstande" bin – Sätze wie dieser haben mich trotzig und rebellisch gemacht. Denn wenn ich mich selbst und andere betrachtet habe, dann musste ich zu dem Schluss kommen, dass ich sehr wohl gute Dinge tun kann! Auch ohne dass ich Gott aktiv mit hineinnehme. *Wenn Gott meint, dass ich aus mir selbst heraus zu nichts Gutem imstande bin, dann hat er damit nicht recht* – das habe ich mir selbst gesagt. Also habe ich meine eigenen Pläne gemacht. Ich habe mich selbst entfaltet, ohne Gott dabei zu berücksichtigen. Bis zu dem Augenblick, in dem Gott mir durch meine kleine Tochter die Augen geöffnet hat.

UNVERMINDERTE LIEBE

Die negativen Aussagen aus meiner Vergangenheit drehe ich jetzt um: Weil Gott dich und mich gemacht hat, sind wir zu großen Dingen imstande! Er steht am Anfang unseres Daseins. Er kennt unser tiefstes Wesen. Lebe aus dieser Erkenntnis heraus! Gott betrachtet mich genauso, wie ich meine kleine Tochter betrachte, wenn sie einen Wutanfall bekommt. *"Joanneke, wie sehr du auch rebellierst und deinen eigenen Weg gehen möchtest, du bist mir so ähnlich! Und ich liebe dich unvermindert."* Dieser Gedanke hat mich wochenlang umgetrieben und schließlich zu diesem Buch geführt: *TEA-Time*. Dieses Buch beginnt bei der Größe und Liebe Gottes, nicht bei dem, was wir einander und Gott schuldig bleiben. *"Denn von ihm und durch ihn und zu ihm sind alle Dinge."* (Römer 11,36a)

VON GOTT GEWOBEN

Ich bete dafür, dass dieses Buch dir die Augen öffnet – so wie das Verhalten meiner kleinen Tochter mir die Augen geöffnet hat. Ich bete, dass du, wenn du dieses Buch liest, Gottes Stimme hören kannst, die sagt: *"Ich liebe dich unvermindert. Ich habe dich selbst geschaffen. Jedes kleine Fädchen, aus dem deine Identität gewoben ist, lief durch meine Hände. Du bist mir ähnlich. Und deshalb bist du zu großen Dingen imstande!"*

Kommst du mit auf Entdeckungsreise?
Alles Liebe, Joanneke

GOTT IST NUR LIEBE. WAGT, FÜR DIE LIEBE ALLES ZU GEBEN. GOTT IST NUR LIEBE. GEBT EUCH OHNE FURCHT.

(Musik: Taizé – © Ateliers et Presses de Taizé, France)

EINLEITUNG

Was passt gut zu dir? Was bereitet dir Freude und gibt dir das Gefühl, wirklich du selbst zu sein? Vielleicht kommst du dem auf die Spur, wenn du an einen bestimmten Moment denkst, in dem du das Gefühl hattest, ganz und gar in deinem Element zu sein. Die Dinge oder Situationen, die du jetzt vor deinem inneren Auge siehst, kannst du als „your cup of tea" – „dein Ding" – aufschreiben.

Höre für einen Augenblick mit dem Lesen auf. Halte inne. Gib dir selbst ein wenig Zeit, um dem, was du gerade gedacht hast, nachzuhängen. Was für ein Gefühl lösen die inneren Bilder und Gedanken in dir aus? Schließe die Augen und gib dich kurz deinen Träumen hin.
Halte dieses Gefühl fest, während du weiterliest.

HERZENSSEHN-SUCHT

In England bezeichnet man mit „your cup of tea" *etwas, dem du den Vorzug gibst, was dir Freude bereitet oder was dir wichtig ist.* Das ist genau das, was Gott sich für dich wünscht: Dass du alles, was du in deinem Leben tust, genießt. Dass du dich danach sehnst, es immer wieder zu tun. Weil es dir wichtig ist und weil du ihm den Vorzug gibst. Gott hat das Glück seines Volkes vor Augen.

Er sagt es selbst in Jeremia 29,11: *„Denn ich weiß wohl, was ich für Gedanken über euch habe, spricht der Herr: Gedanken des Friedens und nicht des Leides, dass ich euch gebe Zukunft und Hoffnung."* Das Volk ist im Exil in Babylon. Doch Gott verspricht ihm, dass er es nach siebzig Jahren wieder in sein eigenes Land zurückbringen wird. Ganz nach dem Plan, den Gott vor Augen hat. Auch für dich hat dein himmlischer Vater einen Plan vor Augen: Dein Glück.

Sein Plan für dich ist nicht fest umrissen. Es ist kein Plan, dem du dich einfach so ergeben musst und bei dem jeder einzelne Schritt genau feststeht. Gott ist ein allmächtiger und allwissender Gott, aber dennoch bestimmt er nicht über dich. Das würde dich zu seiner Marionette machen. Fest steht: Du bist nicht zufällig auf der Welt! Gott möchte in Liebe und Gemeinschaft mit seinen Kindern leben, also auch mit dir! Gott schenkt dir Freiraum und auch die Verantwortung, auf seine Liebe zu dir zu reagieren. Auf deine eigene, authentische Weise. Darüber freut er sich!

Er hat dich nach seinem Bild geschaffen, damit *du ihn suchen und finden kannst, denn wenn du ihn von ganzem Herzen suchen wirst, so will er sich von dir finden lassen* (siehe Jeremia 29,13f.). Das ist sein Plan für dich, sein Versprechen. Du darfst Gott so anbeten, wie du bist.

FRAGE

1. Was ist deine Definition von Glück?
2. Was macht für dich „Glück" aus? Beschreibe das einmal in ganzen Sätzen oder Stichworten.

GLÜCKSKINDER

Nach Angaben der niederländischen Statistikbehörde CBS (2017) bezeichnen sich 88 % der erwachsenen Niederländer als glücklich.[1] René Diekstra berichtete auf dem dritten Nationalen Unterstützungskongress für die Jugendhilfe (2010), dass die Niederlande zu den Ländern mit den glücklichsten Kindern gehören. Bedeutet das nun, dass auch die physische Gesundheit der niederländischen Kinder gut ist und dass sie sich besser entwickeln als Kinder irgendwo anders in der Welt? Diekstra stellt fest, dass dem nicht so ist. Zum Beispiel: Je später du im zwanzigsten Jahrhundert geboren wurdest, desto größer ist die Wahrscheinlichkeit, dass du Phasen durchleben wirst, in denen du depressiv bist. Die Anzahl der Menschen mit einem Burn-out ist ins Unermessliche gestiegen. Auch die körperliche Gesundheit von Kindern wird schlechter.[2]

Du lebst in einer Zeit, die man mit einem sich langsam ausweitenden Schwelbrand vergleichen kann. Die Chance ist groß, dass du damit in Berührung kommst und in Brand gerätst. Viele lassen sich von den

> *Ich hatte letzte Woche einen ehemaligen Studenten am Telefon, der jetzt andere Studenten beim Verfassen ihrer Masterarbeit begleitet. Er hat gesagt: „Els, einer nach dem anderen bricht ab."*
>
> *Da habe ich gedacht: Junge, Junge, das sind doch Menschen, die auf dem Höhepunkt ihrer Schaffenskraft stehen! Aber sie brechen wegen der haushohen Ansprüche ab, mit denen sie in unserer Gesellschaft konfrontiert werden.*
>
> — Els van Dijk, Direktorin der Evangelischen Hochschule Amersfoort

unrealistischen Erwartungen anstecken, die sich in unserer Gesellschaft immer weiter ausbreiten. Während du das liest, möchte Gott dir heute sagen: „Du darfst aus diesem Wettkampf heraustreten. Du musst da nicht mitmachen!" Du bist geschaffen, um Gott mit dem, was du *bist*, die Ehre zu geben, nicht mit einer immer weiter verbesserten Version von dir. Unsere Gesellschaft macht dich – und dich allein – für deinen Erfolg verantwortlich, und genauso für deine Misserfolge. Gott aber sagt dir: „Ich habe dich so lieb, dass ich meinen einzigen Sohn in deine Welt geschickt habe, um das zu heilen, was nicht heil ist."

ZWEI MODELLE

Ich skizziere nun zwei Modelle von „Brillen", mit denen du die Welt betrachten kannst. Modell 1 ist die Brille, die dir das Leben in unserer modernen Gesellschaft gerne aufsetzen würde. Modell 2 ist die Alternative, die ich dir schmackhaft machen möchte.

Modell 1: Positionieren

Je mehr ich mich in meiner Arbeit damit beschäftige, Organisationen zu positionieren, desto mehr merke ich, dass das auch die Brille ist, durch die die Menschen einander gegenwärtig betrachten, zum Beispiel in Erziehung und Bildung und der Förderung von (jungen) Talenten. Diese Brille sieht folgendermaßen aus: Eine Organisation positioniert sich am besten, wenn sie Berührungspunkte zwischen drei Aspekten, nämlich ihrer *Identität*, den Wünschen und Bedürfnissen ihrer *Zielgruppe* und ihrem Alleinstellungsmerkmal im Hinblick auf *Konkurrenten* schafft.[3] Dieser Blick auf Menschen bewirkt aber, dass sie permanent danach streben, als Gewinner aus einer Situation hervorzugehen und sich zu positionieren. Sie werden angehalten, sich zu fragen: „Worin besteht die Stärke meiner Identität; inwiefern bin ich anders als die anderen; was macht mich einzigartig für die anderen; was braucht der andere von mir, damit es mir letztlich wieder zugutekommt; worin übertreffe ich meine Konkurrenten?"

OBERFLÄCHEN-GLÜCK

Die erste Sichtweise ist die „Selbstmarketingbrille", die mich nur auf die *Identität*, die *Bedürfnisse der Zielgruppe* und das *Alleinstellungsmerkmal im Hinblick auf Konkurrenten* schauen lässt. Diese Sichtweise vermittelt „Oberflächenglück". Das liegt an einer Reihe von Ausgangspunkten, die diesem Blick auf das Leben zugrunde liegen:

1. Du wirst perfekt geboren. Von diesem Augenblick an musst du den Standard halten. Allein in dir selbst findest du alle Voraussetzungen für ein erfolgreiches und glückliches Leben. Du bist dein eigener Maßstab.
2. Du befindest dich in einem unaufhörlichen Konkurrenzkampf mit anderen. Es geht also nur um eine Sache: zu zeigen, dass du gut bist, dass es dir gut geht und dass es nicht an dir liegt, wenn irgendetwas einmal nicht so glattläuft. Dadurch entsteht eine (unsichtbare) Messlatte, an der du dich selbst und andere misst. Dazu gehören dann Gedanken wie: *„Ich bekomme das alles sehr gut hin!"* oder aber: *„Wenn ich das doch nur ebenfalls könnte!"*
3. Deine Identität wird nicht durch andere beeinflusst und erst recht nicht durch irgendeine „höhere Macht". Es gibt keine Rückwärtsbewegung, keine Formung, kein Wachstum und keine Entwicklung durch Kontakte und Beziehungen.
4. Alles ist machbar. Wenn du dich nur gut genug positionierst, dann wird der Erfolg nicht ausbleiben. Wenn du nur hart genug arbeitest (das ist schließlich immer drin), dann kannst du nur gewinnen, siegen und glücklich werden.

Mit einem aufmerksamen Blick wirst du entdecken, dass dieses Modell 1 schon fast unseren gesamten Alltag beeinflusst. Du findest es in Sprüchen wie: „Das Leben ist ein Fest – du musst allerdings selbst die Luftschlangen aufhängen", und: „Warte nicht auf den perfekten Augenblick – mache den Augenblick perfekt." Es ist die Motivation für neue Kleidung und einen fitten Körper. Es ist das Grundmuster in vielen heutigen Fernsehserien und Songs und in der Art und Weise, wie wir uns zum Beispiel in den sozialen Medien präsentieren. Das Leben von heute fordert von dir, dass du die beste Version von dir selbst ins Auge fasst, lebst und präsentierst. Jederzeit.

Manchmal bildet dieses Modell sogar den Hintergrund für das, was Christen voneinander erwarten, wie es in einem christlichen Kinderlied heißt: „Lies die Bibel, bet jeden Tag, wenn du wachsen willst." Glaube ist eine Sache geworden, die man „machen" kann: Der Input ist die Zeit, die du in deinen Glauben hineinsteckst, der Output ist die Größe des Glaubens. Die Bibel ist die Norm, die Christen erfüllen müssen. Als Messlatte an unsere eigenen Gemeinden legen wir oft das Vorbild der allerersten Gemeinde an. Und kommen dann zu dem Schluss, dass wir als Christen nicht „genügen" und tatsächlich „zu nichts Gutem imstande sind". Vielleicht müssen wir noch kräftiger beten, noch mehr in der Bibel lesen, und dann …

Wir sehen Gläubige an wie Pflanzen, die man regelmäßig anspornen muss: *Nimm bloß genug Wasser auf, sonst wächst du nicht!* Die Gemeinde verhält sich dann eher wie ein Wasserstandsmesser und nicht wie eine Gießkanne.

DIE GEMEINDE VERHÄLT SICH OFT EHER WIE EIN WASSERSTANDSMESSER UND NICHT WIE EINE GIESSKANNE.

Modell 2: Your cup of TEA – Das TEA-Konzept

In einer Gemeinschaft, die ständig darauf ausgerichtet ist, dass sich selbstbestimmte Menschen positionieren, fällt es oft schwer zu glauben, dass Gott dein Glück vor Augen hat. Du fühlst dich *entweder* wie ein Selfmademan *oder* wie ein großer Versager, weil es dir nicht gelungen ist, selbst die Luftschlangen beim Fest des Lebens aufzuhängen.

Wenn du wirklich erfahren möchtest, welches Glück Gott für dich vor Augen hat, dann bitte ihn um eine neue „Brille", einen anderen Blick auf dich selbst und die Menschen um dich herum. Wenn du die Bibel als Inspirationsquelle siehst, dann wirst du entdecken, dass dein Glück nicht davon abhängt, wer du im Vergleich zu anderen bist. Dein Glück hängt davon ab, wer du *für* andere bist (doch das bedeutet nicht, dass du immer nach der Pfeife eines anderen tanzen sollst – das wirst du merken, wenn du weiterliest). Dieser kleine Unterschied ist ein himmelweiter Unterschied! Es ist der Unterschied zwischen Oberflächenglück und dem, „dem du den Vorzug gibst, was dir Freude bereitet oder was dir wichtig ist".

ENTSCHEIDENDER UNTERSCHIED

Mit dem Modell 2, „Your cup of TEA" bzw. „Das TEA-Konzept", stelle ich dir ein Modell vor, das sich in *einem* entscheidenden Punkt von der Marketingbrille unterscheidet, mit der du dich selbst und andere vielleicht betrachtest. Dieser eine, der den Unterschied ausmacht, ist Gott. Spürst du schon, wie sich dieser Unterschied positiv auf dein Leben auswirkt? Ich möchte dir zeigen, dass du jeden Tag aufs Neue die Möglichkeit hast, deinen Blick nicht von deinen vermeintlichen Konkurrenten fesseln zu lassen, sondern ihn nach oben zu richten. Auf Gott. Auch das Modell 2 arbeitet mit drei Aspekten. Zwei von ihnen – diejenigen, die mit dir selbst und mit anderen zu tun haben – bleiben gleich. Aber es kommt ein neuer Aspekt hinzu, der den Unterschied ausmacht. Der deine Sichtweise verändert. Gott bringt die Kreise des TEA-Konzeptes so zusammen, dass sie nicht jeweils für sich stehen, sondern einander in der Mitte verstärken.

Herr, Gott und Vater,

du bist der Erste und der Letzte.

Du bist der Anfang und das Ende.

Herr, ich will dich ehren mit dem,

was ich bin,

mit dem, was du in mich hineingelegt hast.

Herr, zeig mir deinen Weg für mich.

Amen.

YOUR CUP OF TEA

„Your cup of TEA" ist eine Lebenseinstellung, die dir hilft, so zu werden, wie du gemeint bist. Das Grundprinzip für diese Lebensweise ist von 1. Petrus 4,10-11 inspiriert: *„Jeder soll dem anderen mit der Begabung dienen, die ihm Gott gegeben hat. Wenn ihr die vielfältigen Gaben Gottes in dieser Weise gebraucht, setzt ihr sie richtig ein. […] So ehren wir Gott mit allem, was wir haben und tun."* (Hoffnung für alle)

Alles, was du mit deinem Talent tust, geschieht zur Ehre Gottes, wenn du anderen damit hilfst – das ist der Grundgedanke des TEA-Konzeptes. Wenn du so zu leben versuchst, erhältst du immer wieder neue Energie und wirst mit tiefer innerer Freude erfüllt, die sich auch nach außen zeigt. Das TEA-Konzept hilft dir, so zu leben, wie Gott es für dich im Sinn hat. Es hilft dir, mit Gott darüber im Gespräch zu bleiben, was er durch dich Gutes in der Welt tun will. Du wirst merken: Gott hat dein Glück vor Augen. Er steht zu seinem Versprechen, dass er dir „Zukunft und Hoffnung" geben will (Jer. 29,11).

BALANCE

Alle drei Aspekte bzw. Elemente des TEA-Konzeptes sind wichtig und können nicht unabhängig voneinander bestehen. Wenn du nur dein eigenes Talent und dein eigenes Glück in den Mittelpunkt stellst, hat das negative Auswirkungen auf deine Mitmenschen und deine Umwelt. Wenn du dich allein auf Gottes Ehre ausrichtest – ohne zu berücksichtigen, was Gott an Begabungen in dich hineingelegt hat –, vernachlässigst du Gottes Geschenke und wirst die Aufgaben, die Gott dir gibt, als Last empfinden. Wenn du nur auf die anderen ausgerichtet bist, wirst du immer das Gefühl haben, zu kurz zu kommen. Es ist also wichtig, zwischen den drei Aspekten bzw. Elementen des TEA-Konzeptes eine gute Balance zu halten.

SEIN, WIE DU GEMEINT BIST

In diesem Buch geht es darum, dein Potenzial zu entdecken. Das, was Gott in dich hineingelegt hat. Es geht darum, ein erfüllteres Leben zu leben, weil du sein darfst, wie du von Gott „gemeint bist". *Sein* ist ein Tätigkeitswort. Tätigkeitswörter rufen meistens zu einer Aktion auf: „Los jetzt, aufgestanden! Opfere deine Begabung für einen anderen Menschen und du wirst glücklich werden!" Aber … weißt du, was wirklich toll ist? *Sein* ist in unserem Zusammenhang ein ergatives Verb.[4] Einfach gesagt bedeutet das, dass es um keine aktive Beteiligung geht, sondern um einen Prozess, der von selbst stattfindet. Vergleiche doch nur einmal diese Sätze: *Die Frau hat das Eis geschmolzen (aktiv). Das Eis ist geschmolzen (ergativ).* [5]

„Sein, wie du gemeint bist" kann man auch lesen als „ein Dasein, wie es für dich vorgesehen ist". Entspanne dich also! Du *musst* nicht erst etwas *werden*, sondern du *darfst sein*, wie du gemeint bist. Nicht in dem Sinne: „Ich bin halt, was ich bin, und so bleibt es nun!" Nein. Aber du darfst jemand sein, der eine mit sich versöhnte Lebenseinstellung ausstrahlt und der seiner Identität dadurch Sinn und Richtung gibt, dass er in Verbindung mit anderen lebt, dass er etwas für andere sein möchte, sie beschenken möchte.

BUCHEINTEILUNG

Dieses Buch besteht aus drei Teilen. Jeder Teil befasst sich mit einem der drei Aspekte des TEA-Konzeptes. Talent. Ehre. Andere. In jedem Teil findest du einige grundsätzliche Überlegungen, Interviews, Anleitungen zum Bibelstudium und zu praktischen Übungen, um selbst aktiv zu werden.

Teil 1: Talent

Der erste Teil dieses Buches nimmt dich in den Fokus. Er geht darauf ein, wer du bist und wie Gott dich sieht. Warum hat Gott Menschen geschaffen? Warum hat er *dich* geschaffen? Warum ist jeder Mensch anders? Was macht dich einzigartig und besonders in Gottes Augen? Der erste Teil bringt dich ins Nachdenken über dein Talent und deine einzigartigen Eigenschaften.

Teil 2: Ehre Gottes

Der zweite Teil dieses Buches handelt von Gott. Worin unterscheidet sich Gott von den Menschen? Worüber freut er sich? Wie kannst du Gott ehren und ihm Freude machen? In diesem Teil des Buches rückt Gottes Größe in den Blick.

Teil 3: Andere

Der dritte Teil des Buches beschäftigt sich mit „den anderen" in deinem Leben. Wie findest du heraus, wo du gebraucht wirst? Wie kannst du dich selbst verschenken, ohne dich selbst zu verlieren? Dieser Teil des Buches hilft dir, deine Aufmerksamkeit auf das zu richten, was in deinem Umfeld und in der Welt gebraucht wird.

GOTT ZUERST

Dieses Buch handelt von dir. Zunächst scheint es so, als würde dieses Buch nicht bei Gott beginnen, denn der erste Teil nimmt schließlich in den Blick, wer *du* bist. Doch dein Leben gibt es ja überhaupt nur, weil *Gott* zuerst da gewesen ist. Dein Talent und deine Begabungen hat Gott in dich hineingelegt. Ein Buch über dich kann es nur geben, weil Gott schon lange vor dir da war. Und du liest dieses Buch, weil du ihm den ersten Platz in deinem Leben einräumen willst.

TEIL 1

TALENT

ZU GOTTES EBENBILD GESCHAFFEN

1.1 EINLEITUNG

Wie groß ist die Chance, dass du in deinem Leben einem Doppelgänger begegnest? In Bezug auf dein Äußeres und deinen Charakter bist du einzigartig! Es ist unglaublich, wie viele verschiedene Menschen es gibt. Das sagt etwas über Gottes unendliche Kreativität aus. Gleichzeitig zeugt diese Tatsache auch von Gottes Größe: So viele verschiedene Charaktere und Eigenschaften sind nötig, um Gottes Größe erkennbar zu machen.

UND GOTT SPRACH: LASSET UNS MENSCHEN MACHEN; EIN BILD, DAS UNS GLEICH SEI.
(1. Mose 1,26a)

Ich habe immer gedacht, dass diese Worte sich lediglich auf Adam und Eva beziehen. Doch Gott ist so unendlich viel größer. Schon bei der Schöpfung hat er gewusst, dass du und ich geboren werden würden. Im 1. Buch Mose steht deshalb an dieser Stelle nicht etwa: „Lasset uns einen Menschen machen, der unser Ebenbild ist." Da steht auch nicht: „Lasset uns einen Mann und eine Frau machen, die uns gleich sind" (erst im nächsten Vers heißt es von Gott: „und schuf sie als Mann und Frau"). Diese Worte – „lasset uns Menschen machen" – handeln von dir und mir. Von uns, die wir so verschieden sind. Jede und jeder von uns darf auf seine oder ihre Weise einen Teil von Gottes Größe widerspiegeln. Kein Wunder, dass wir alle so einzigartig sind! So viele unterschiedliche Charaktere und Eigenschaften sind notwendig, um zu zeigen, wie Gott ist. Gottes Größe hat kein Ende.

Deine Geschichte beginnt mit Gott, der sagt: „So, wie du bist, spiegelst du etwas von meinem Wesen wider. Wenn andere dich kennenlernen, können sie etwas von mir in dir wahrnehmen." Wer du bist und wie Gott dich gemacht hat, ist deshalb unglaublich wichtig. Wenn du das Potenzial entfaltest, das Gott in dich hineingelegt hat, erzählst du etwas von der Geschichte Gottes mit der Welt. Indem du bist, wie er dich gemeint hat, gibst du ihm die Ehre!

VON NATUR AUS

Und was ist nun mit dem Sündenfall? Als die Sünde ihren Einzug in die Welt hielt, geschah eine entscheidende Sache: Sie sorgte dafür, dass die ganze Schöpfung von Natur aus auf sich selbst gerichtet ist. Vor dem Sündenfall gab es dieselben Möglichkeiten wie jetzt: Orientiere ich mich an dem, von dem ich denke, dass es gut für mich ist, oder richte ich mich auf Gott aus? Der Mensch entschied sich aber von Natur aus, sich auf Gott auszurichten. Das strahlte auf die übrige Schöpfung zurück. Zum Beispiel lebten Menschen und Tiere friedlich zusammen. Sie waren nicht auf sich selbst und ihre Überlebenschancen hin ausgerichtet. Nein, die ganze Schöpfung war nur auf Gott hin ausgerichtet.

Doch als Adam und Eva vom Baum der Erkenntnis des Guten und Bösen aßen, haben sie eine Entscheidung für die ganze Schöpfung getroffen. Sie haben sich selbst für so wichtig genommen, dass sie wie Gott sein wollten. „Ich kann es selbst. Ich brauche dich nicht. Ich weiß genau, was das Beste für mich ist." Dadurch ist alles anders geworden. Auch du hast immer noch die Möglichkeit, dich auf Gott hin auszurichten oder um dich selbst zu kreisen. Von Natur aus bist du allerdings geneigt, dich für dich selbst zu entscheiden. Ich glaube, dass das Prinzip des „Survival of the fittest", über das die Evolutionstheorie spricht, von der natürlichen Selbstbezogenheit der Schöpfung nach dem Sündenfall herrührt.

Paulus spricht auch über die natürliche Ausrichtung der Schöpfung, wenn er sagt: *„Das Gesetz konnte uns nicht helfen, so zu leben, wie es Gott gefällt. Es erwies sich als machtlos gegenüber unserer sündigen Natur. Deshalb sandte Gott seinen Sohn zu uns. Er wurde Mensch und war wie wir der Macht der Sünde ausgesetzt. An unserer Stelle nahm er Gottes Urteil über die Sünde auf sich und entmachtete sie dadurch."* (Römer 8,3, Hoffnung für alle)

DEINEN CHARAKTER AUF GOTT AUSRICHTEN

Weil Jesus in unsere, in meine und in deine Welt hineingekommen ist, musst du nicht mehr das tun, was du „von Natur aus" tust. Das bedeutet aber nicht, dass du dich von deinen Talenten, deinen einzigartigen Eigenschaften und deinem Charakter verabschieden musst. Du darfst dich einfach mit allem, was in dir ist, mit allem, was dir gegeben wurde, auf Gott ausrichten. Folge seiner Einladung an dich und lass ihn deine Persönlichkeit durchdringen.

„Ihr habt den alten Menschen mit seinen Werken ausgezogen und den neuen angezogen, der erneuert wird zur Erkenntnis nach dem Ebenbild dessen, der ihn geschaffen hat." (Kolosser 3,9b-10)

Paulus selbst ist ein gutes Beispiel dafür, wie man von seiner „alten" Natur Abstand nimmt und trotzdem man selbst bleibt. Vor seiner Hinwendung zu Gott war er ein ungestümer Mensch mit einem klaren Ziel vor Augen. Nichts konnte ihn aufhalten. Er unterstützte den Mord an einem Nachfolger Jesu und versuchte, die erste Gemeinde zu vernichten, indem er Männer und Frauen mit Gewalt aus ihren Häusern zerren und sie ins Gefängnis sperren ließ. Der Charakter von Paulus ist ein Paradebeispiel für Begeisterungsfähigkeit, Durchsetzungsvermögen und Unerschrockenheit. Dann begegnete er Gott und bekehrte sich. Mit der Ausrichtung auf Gott änderte sich auch seine Zielrichtung: Es ging ihm von da an nicht mehr um die Verfolgung von Christen, sondern um die Bekehrung von Juden und Heiden. Gott half Paulus, seiner „neuen" Natur gemäß zu leben, den „neuen Menschen anzuziehen". Sein Charakter bzw. seine Persönlichkeit veränderte sich allerdings nicht. Gott hatte ihn mit Begeisterungsfähigkeit, Durchsetzungsvermögen und Unerschrockenheit ausgestattet – die konnte Paulus nun gut gebrauchen, um das Evangelium zu verbreiten.

EIN FUNKELNDER DIAMANT

Dein Charakter ist wie ein Diamant. Wie sehr du funkelst, hängt davon ab, auf was du dich ausrichtest. Wenn man einen Diamanten ins Dunkel bringt, dann erkennt man nicht, wie schön er ist. Seine Eigenschaften nimmt man nur dann wahr, wenn man ihn ins Licht hält. Im Licht strahlt derselbe Diamant mit denselben Bestandteilen wie zuvor nun plötzlich Glanz und Farbe aus. Wenn du auf deine alte Natur hin ausgerichtet bist, die Dunkelheit, sehen wir dich nicht so, wie du gemeint bist. Doch wenn du dich von Gott neu ausrichten lässt, auf ihn selbst hin, der Licht ist, dann glänzen dein Charakter und deine Persönlichkeit. Dann strahlst du Gottes Licht, Größe und Liebe aus.

Wenn du dein Sein auf Gott hin ausrichtest, findest du Freude in dem, was du machst. Dann merkst du, dass du tust, wonach du dich sehnst, was du genießt und was dir wichtig ist. Warum ist das so? Weil es nicht mehr um *dich* geht. Du musst nichts mehr leisten, um dein Image zu pflegen oder dich zu „vermarkten". Du darfst sein, wie du bist. Du darfst dich daran freuen, wie Gott dich geschaffen hat. Du bist gut in seinen Augen.

HERR,

DANKE, DASS DU MICH

NACH DEINEM EBENBILD GESCHAFFEN HAST.

DANKE, DASS ICH DIR ÄHNLICH SEIN DARF,

DASS ICH ZEIGEN DARF, WER DU BIST,

INDEM ICH MICH AUF DICH HIN AUSRICHTE.

BITTE ZEIG MIR,

WAS DU IN MICH HINEINGELEGT HAST

UND WAS DU IN MIR SIEHST.

IHR ENTSPRINGT
DEN GUTEN GEDANKEN GOTTES

Els van Dijk ist Direktorin der Evangelischen Hochschule in Amersfoort. Sie hilft jungen Menschen, sich zu entwickeln und ihre Talente zu entfalten. Das ist für sie die schönste Tätigkeit, die es gibt. Sie sagt: „Das Leben ist ein Abenteuer und du weißt nie, was es dir bringen wird. Da gibt es manchmal erstaunliche Wendungen, die ich im Leben von anderen beobachten kann und an die ich selbst gar nicht gedacht hätte. Dann bin ich fasziniert und neugierig und denke mir: *Oh, ist so etwas vielleicht auch für mich vorgesehen?* Denn so sehe ich das Leben: als eine Einladung Gottes an mich."

„Natürlich fällt mir auch die Gebrochenheit auf, die es im Leben jedes jungen Menschen gibt. Aber das steht für mich nicht im Vordergrund. Während der allerersten Vorlesung im Jahr sage ich meinen Studenten immer: ‚Ihr entspringt den guten Gedanken Gottes. Ich möchte euch gerne meine Wertschätzung und Liebe entgegenbringen, wenn ihr mich lasst. Denn ihr seid liebenswert. So betrachte ich euch. Nicht als junge Menschen, die mir vielleicht das Leben schwer machen könnten.' Es wird still, wenn ich das mit Nachdruck sage. Einmal habe ich noch hinzugefügt: ‚Darf ich euch also, je länger, je mehr, als solche wunderbaren, besonderen Menschen betrachten?' Da hat ein junger Student die Hand gehoben und gesagt: ‚Na ja, Frau van Dijk, das finde ich ein bisschen übertrieben.' Ich habe ihn gefragt, warum er das so empfindet, und er hat mir geantwortet, dass ich ihn doch noch gar nicht gut kenne. Da habe ich ihm versichert: ‚Das stimmt natürlich, junger Mann, aber das ist mein Ausgangspunkt! Ich möchte gerne entdecken, welche wunderbaren Dinge Gott in euch hineingelegt hat. Und ich möchte diese Entdeckungsreise mit euch zusammen unternehmen.'"

In Watte gepackt

„Ich höre viel Negatives über junge Leute von heute. ‚Sie können es nicht, sie wollen einfach nicht.' Solche Vorurteile ärgern mich. Die junge Generation – das sind doch wunderbare Menschen! Es ist viel eher die Generation vor ihnen, die einiges vermasselt hat. Viele in der Elterngeneration meiner Studenten haben sich ganz bewusst für ein oder zwei Kinder entschieden. Anders als früher, wo Kinder einfach geboren wurden ohne großartige Planung. Die Kinder der modernen Elterngeneration aber werden oft zum ‚Projekt' ihrer ambitionierten Eltern und werden nicht selten in Watte gepackt. Neulich las ich von einer Mutter, die ihre fünfzehnjährige Tochter, die aufs Gymnasium geht, jede Woche ein paar Mal in die Badewanne stopft und dem Mädchen aus seinen Schulbüchern vorliest. Ist das zu glauben? Offensichtlich steckt da vonseiten der Mutter die Ambition dahinter, dass ihre Tochter die Beste werden soll. Aber darum geht es im Leben doch überhaupt nicht!"

Eingeladen

„Jesus lädt Menschen ein. Schau dir als Beispiel nur einmal Zachäus an: Jesus lädt ihn ein, von dem Baum herunterzusteigen. Jesus schreibt es nicht vor. Er sagt nicht: ‚Komm jetzt aber mal von dem Baum herunter und bezahle alles zurück, was du anderen zu viel abgenommen hast.' Jesus lädt Zachäus ein. Er verhält sich ganz anders als die Menschen, die um ihn herumstehen. Die urteilen nämlich: ‚Oh nein, er geht zu einem Sünder zum Essen. Furchtbar!' Das Verhalten von Jesus ist für mich ein Vorbild. Ich möchte ein einladender Mensch sein und nicht über andere urteilen und sie in Schubladen stecken."

Antwort sein

„Gott lädt dich ein, dich zu fragen, welche Früchte du hervorbringen willst. *Was passt zu mir? Was soll ich nach Jesu Willen wachsen lassen?* Gott und sein Plan mit unserer Welt ist so groß und vielgestaltig – um sein Reich zu bauen, brauchen wir einander, das schaffen wir nicht, wenn wir jeder für uns bleiben. Welche besonderen Talente kannst du beisteuern? Was hat Gott in dich hineingelegt? Wie kannst du Antwort sein? Wenn du für diese Fragen offen bleibst, wirst du mit der Zeit merken, dass du im Alltag ständig auf Einladungen von Gott stößt. Auf Chancen und Möglichkeiten, durch die er dir zuflüstert: ‚Da könntest du von Bedeutung sein.' Denke also nicht: Was kann ich? Sondern: Wo kann ich Gott dienen und für mein Umfeld von Bedeutung werden? Das wird dich auf positive Weise erfüllen."

Entdeckungsreise

„Für mich ist *Talent* ein breites Spektrum von Möglichkeiten, die Gott dir anvertraut. Das ist dir sicher nicht immer bewusst. Du brauchst dein ganzes Leben, um deine Talente nach und nach zu entdecken, und du brauchst andere dafür. Ich bin kein Mensch, der davon überzeugt ist, dass du nur einen Abend lang schweigend in ein Teelicht schauen musst, um zu wissen, wer du bist. Nein, du entdeckst, was Gott dir anvertraut hat, indem du lebst. Du entdeckst es durch das, was andere in dir sehen, was sie dir spiegeln und was du von ihnen empfängst."

Alltagstrott oder Sehnsucht

„Ich unterrichte einen Kurs über *Berufung*. Das finden die Studenten total spannend. Sie denken bei Berufung an irgendwas Riesengroßes. An Mission oder Entwicklungshilfe. Aber zu deiner Berufung gehört es schon, dich zu fragen: Wie kann ich heute Jesu Hände und Füße sein? Was kann ich anderen heute von Gott, von Jesus zeigen? Während dieses Kurses sage ich immer zwei Dinge: ‚Gott ruft nicht die Fähigen, sondern befähigt die Berufenen.' Und danach sage ich dann: ‚Wie betrachtest du deinen Tag? Ist dein Ausgangspunkt lediglich das Klingeln deines Weckers und dein erster Gedanke: Oh nein, jetzt geht der Alltag wieder los! Oder ist dein Ausgangspunkt für deinen Start in den Tag die sehnsüchtige Frage: Was wäre heute das Beste, das ich für meinen Gott tun kann? Was ist heute ‚my cup of tea'? Dein Leben darf eine fortwährende Antwort auf Gott und seine Geschenke an dich sein."

ELS' CUP OF TEA

- empfangen
- sehnsüchtig leben
- offene und ehrliche Gespräche mit jungen Menschen

DIE BIBEL UND DU

Nötig: Stift und Papier
Nicht nötig: Schreiberfahrung
Zeitbedarf: 30 Minuten (inklusive Entspannungszeit hinterher)

Schreiben hilft dir, dich zu fokussieren, und liefert dir darüber hinaus ein Ergebnis, das greifbarer ist, als wenn du nur redest. Während du schreibst, kommst du oft mehr mit deinen Gefühlen in Kontakt, als wenn du (mit jemandem) redest. Wenn du also die Bibel als Ausgangspunkt dafür nehmen willst, besser zu verstehen, wer du bist – dann ist diese Art von „Schreibbibelstudium" eine gute Idee.

Drei Tipps zu Beginn:

1. Unterbrich das Schreiben nicht, sondern schreibe in einem Zug durch. Denke nicht darüber nach, wie du schreibst. Eine ordentliche Handschrift und fehlerlose Sätze sind im Augenblick nicht nötig. Wenn das aber trotzdem wichtig für dich ist, dann nimm dir vor, nach dem Bibelstudium noch eine ordentliche Version von dem anzufertigen, was du niedergeschrieben hast.

2. Vermeide eine Geräuschkulisse um dich herum. Sorge für einen ruhigen Ort. Lege dein Mobiltelefon und deinen Laptop zur Seite. So kannst du wirklich darauf hören, was in deinem Herzen vorgeht.

3. Nimm dir vor, nach dem Bibelstudium noch etwas Ruhiges zu tun. Gehe zum Beispiel ein Stück spazieren oder sei einfach nur zehn Minuten still. So kann das, was du in Gedanken bewegt und aufgeschrieben hast, noch etwas in dir nachklingen und sich setzen.

Nichtstun versetzt dein Gehirn in einen kreativen Zustand. So nutzlos ist Nichtstun also nicht!

LOS GEHT'S!

Lies Psalm 139,13-16 (hier nach der Übersetzung der *Hoffnung für alle*):

**Du hast mich mit meinem Innersten geschaffen,
im Leib meiner Mutter hast du mich gebildet.
Herr, ich danke dir dafür,
dass du mich so wunderbar und einzigartig gemacht hast!
Großartig ist alles, was du geschaffen hast –
das erkenne ich!
Schon als ich im Verborgenen Gestalt annahm, unsichtbar noch,
kunstvoll gebildet im Leib meiner Mutter,
da war ich dir dennoch nicht verborgen.
Als ich gerade erst entstand, hast du mich schon gesehen.
Alle Tage meines Lebens hast du in dein Buch geschrieben –
noch bevor einer von ihnen begann!**

Schreibe die Buchstaben deines Namens von oben nach unten. Schreibe hinter jeden Buchstaben ein Wort, das zu dir passt.

Wähle eines von diesen Worten aus und schreibe auf, warum dieses Wort zu dir passt.

....
....
....
....
....
....
....
....
....
....
....
....

Fülle nun in dem folgenden Text immer deinen eigenen Namen ein (und ihrem/ihrer/ihres bzw. seinem/seiner/seines) und lies ihn dir dann noch einmal durch. Zum Beispiel: „Du hast Joanneke mit ihrem Innersten geschaffen."

Du hast .... mit .... Innersten geschaffen,

im Leib .... Mutter hast du .... gebildet.

Herr, ich danke dir dafür,

dass du .... so wunderbar und einzigartig gemacht hast!

Großartig ist alles, was du geschaffen hast –

das erkenne ich!

Schon als .... im Verborgenen Gestalt annahm, unsichtbar noch,

kunstvoll gebildet im Leib .... Mutter,

da war .... dir dennoch nicht verborgen.

Als .... gerade erst entstand, hast du .... schon gesehen.

Alle Tage .... Lebens hast du in dein Buch geschrieben –

noch bevor einer von ihnen begann!

Welcher Satz oder Teil dieses Psalms berührt dich im Augenblick am meisten? Schreibe etwas darüber.

....
....
....
....
....
....
....
....
....
....
....
....
....
....

Schreibe viermal den Satz auf: „Du hast mich so wunderbar und einzigartig gemacht!", und lass dazwischen jeweils eine Zeile frei. Fülle die leere Zeile mit einem neuen Satz, den du dir selbst ausgedacht hast.

Du hast ....

....

Du hast ....

....

Du hast ....

....

Du hast ....

....

Gott kennt dich durch und durch. Schon vor deiner Geburt wusste er, wer du bist. Er hat über dich und dein Leben in seinem Buch geschrieben (Vers 16). Mütter schreiben manchmal Briefe an das Baby, das in ihrem Bauch heranwächst. Schreibe einen Brief an dich selbst, so als würdest du noch im Bauch deiner Mutter wachsen. Was hat Gott damals schon von dem gewusst, wer du bist?

....
....
....
....
....
....
....
....
....
....
....
....
....
....

1.2 TALENT ANALYSIERT

Gott hat dich so geschaffen, dass du ihn mit dem, was du bist und hast, ehren kannst. Wenn du „sein darfst, wie du gemeint bist", dann erlebst du, dass Gott dein Glück vor Augen hat. Dein Talent ist ein wichtiger Teilaspekt von dem, wer du bist. Möchtest du in dieses Thema etwas tiefer einsteigen? Dann kannst du jetzt entdecken, was Talent ist und wie man es betrachten kann.

Was ist Talent? Meistens wird nur das Ergebnis von dem, was du mit deinem Talent erreichst, also das Resultat, als Talent betrachtet. Bei einem Fußballer sagt man zum Beispiel: „Er hat wirklich ein Talent zum Fußballspielen." Und bei einer Musikerin: „Sie ist so musikalisch." Die *Eigenschaften*, die ihn oder sie erst zu diesem Ergebnis bringen, werden nicht genannt. Zum Beispiel die Geschicklichkeit, Geschwindigkeit und das strategische Denkvermögen des Fußballers. Oder das gute Gehör, das Rhythmusgefühl und die Kreativität der Musikerin.

In der Bibel heißt es: *„Jeder soll dem anderen mit der Begabung dienen, die ihm Gott gegeben hat. Wenn ihr die vielfältigen Gaben Gottes in dieser Weise gebraucht, setzt ihr sie richtig ein."* (1. Petrus 4,10, Hfa) Dem Duden zufolge bedeutet das Wort Gabe unter anderem „Talent" oder „Veranlagung".[6] Eine Veranlagung ist „etwas, das schon da ist", eine angeborene Fähigkeit. Talent ist eine einzigartige Kombination von Eigenschaften, eine Grundlage, die schon vor deiner Geburt in dir angelegt worden ist. Deine einzigartige Kombination von Eigenschaften führt dazu, dass du etwas gut kannst – das ist dann das Resultat bzw. Ergebnis, nicht das Talent an sich. Wenn du deine Talente einsetzt, erlebst du, dass dir etwas leicht von der Hand geht. Und andere bemerken das ebenfalls und sagen vielleicht: „Das scheint dir überhaupt keine Mühe zu bereiten!" Das macht es dir manchmal allerdings auch schwer, dein Talent zu bemerken und zu würdigen – denn es scheint so alltäglich zu sein.

Aber du *hast* Talent, und nicht nur eines. Etwas anderes ist ausgeschlossen. Denn schließlich hat dich doch Gott – in aller seiner Kreativität, Güte und Liebe – geschaffen! Vergiss das nie. Und gerade *weil* Gott dich geschaffen hat, bist du zu großen Dingen imstande.

Danke, Herr, für das Wunder meiner Existenz. Es fällt mir manchmal schwer, mich selbst als ein Wunder deiner Schöpfung zu betrachten. Aber genau das bin ich. Ich preise dich für die Kreativität und Liebe, mit der du mich gemacht hast. Du bist groß.

IST STEHLEN AUCH EIN TALENT?

Es kommt darauf an, was du unter dem Begriff „Talent" verstehst. Wenn du Talent nur als etwas betrachtest, was du richtig gut kannst (das Ergebnis), so etwas wie Fußballspielen oder Malen, dann ist Stehlen eigentlich auch ein Talent. Um stehlen zu können, musst du präzise vorgehen, aufmerksam lauschen können, ob jemand wach geworden ist, einen Spürsinn dafür haben, was viel Geld wert ist, und kräftig genug sein, um eine Menge kostbarer Dinge wegschleppen zu können. Durch Übung kannst du diese Eigenschaften natürlich noch verbessern. Du kannst zum Beispiel dein Auge trainieren, auch die kleinsten Details wahrzunehmen, und dein Ohr schulen, damit es sensibler für leise Geräusche wird. An sich betrachtet sind das doch keine schlechten Eigenschaften, oder?

Du merkst: Es ist entscheidend, *wofür* du dein Talent entwickelst und einsetzt. In unserer heutigen Gesellschaft gehen wir gewöhnlich davon aus, dass jeder in der Lage ist, selbst zu bestimmen, wozu er oder sie die eigenen Talente entwickelt. Viele Schulen sagen z. B.: „Bei uns steht das Kind im Mittelpunkt", oder: „Wir helfen, das Beste in den Kindern hervorzubringen, das in ihnen steckt."

Mein Sohn hat mittlerweile ein Alter erreicht, in dem er anfängt zu zeichnen. Manchmal macht er nur ein paar Striche und kommt dann enthusiastisch zu mir gerannt. Ich sehe mir das Bild an und sage dann vielleicht: „Hey, das sieht aus wie ein Hund!" Danach nimmt er einen braunen Stift und malt dem „Hund" einen Schwanz. Ich denke, das ist eine schöne Metapher für dein Talent. Die ersten Striche und Farben befinden sich bereits auf dem Papier. Es sind nicht die exakten Linien eines Malbuches, das nur innerhalb der vorgegebenen Grenzen ausgemalt werden kann. Nein. Es sind Linien, die dich einladen zu entdecken, wo du weitermalen kannst. Alles, was du erlebst, an Schönem und an Schwierigem, trägt dazu bei, dein Talent (deine angeborenen Fähigkeiten, deine einzigartigen Eigenschaften) immer weiter „auszumalen", detaillierter auszuführen, bunter zu gestalten und schließlich zu einem wunderschönen Kunstwerk zu entwickeln.

> *Das Wort „Talent" kommt mir manchmal ein bisschen statisch vor. Talent ist etwas, was du von Natur aus besitzt, mit dem du umgehen und arbeiten kannst. Mir persönlich ist es im Hinblick darauf auch wichtig, was mir täglich begegnet: Das können Menschen sein, die ich treffe, oder Gelegenheiten, die ich erhalte.*
> – Ben Tiggelaa, Autor & Management-Trainer

Ich glaube, dass Gott möchte, dass du deine Talente durch tägliche Geschehnisse und Beziehungen formen lässt. Denn Talent ist nicht statisch, sondern dynamisch. Es formt und entwickelt sich durch das Zusammenspiel mit dem Umfeld, in dem du lebst.

- Talent ist eine angeborene Fähigkeit, ein einzigartiges Set von Eigenschaften, die dich zu dem machen, wer du bist.
- Talent ist etwas, das sich durch den Kontext, der dir gegeben ist, entwickelt und wächst und dich immer mehr zu dem formt, der du bist.

Es ist hilfreich, wenn du „Talent" unter dem weiten Blickwinkel betrachtest, wer du bist, was deine Identität ist, was dich ausmacht. Wenn du das tust, dann hängt die Entwicklung deines Talents von der Ausrichtung ab, die du ihm gibst, von dem Ziel, dem es dienen soll. Wie das funktioniert, entdeckst du, sobald du mehr über deine Identität herausgefunden hast.

ÜBUNG

Schreibe einmal drei „Ich bin"-Aussprüche über dich selbst auf und bitte danach einen oder zwei Freunde oder Bekannte, dir zu sagen, ob sie dich anhand dieser Sätze erkennen würden. Zum Beispiel: *„Ich bin* von Natur aus freundlich."

Ich bin ....

....

....

Ich bin ....

....

....

Ich bin ....

....

....

1.3
IDENTITÄT

Deine Identität besteht grob gesagt aus zwei Teilen: deinem Charakter (angeborene Fähigkeiten) und deinen Werten (das, was du formst, entwickelst und wachsen lässt). Dein Charakter ist größtenteils in deiner DNA eingewoben. Das bedeutet nicht, dass du deinen Charakter nicht veränderst oder verändern kannst, das ist aber nicht leicht. Werte sind erlernt. Zum Beispiel von deinen Eltern, deinen Freunden oder einfach nur durch das Land und die Kultur, in der du aufgewachsen bist.

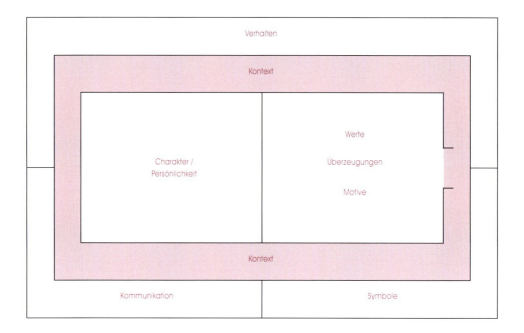

BETRACHTE "TALENT" AM BESTEN UNTER DEM WEITEN BLICKWINKEL DESSEN, WER DU BIST, WAS DEINE IDENTITÄT IST, WAS DICH AUSMACHT.

Dein Charakter und deine Werte bilden gemeinsam deine Identität. Deine Identität kommt in einem bestimmten *Kontext* zum Ausdruck. Du kannst deine Identität in diesem Kontext erkennen an deinem gezeigten *Verhalten*, an deiner *Kommunikation* und an den *Symbolen*, die du verwendest.

Das Modell auf der linken Seite gibt deine Identität schematisch wieder (toll, nicht wahr, dass man so etwas Komplexes in einem so einfachen Schaubild wiedergeben kann):

CHARAKTER UND WERTE

In der Mitte dieses Schaubildes sind die beiden großen „Gefäße" abgebildet, aus denen deine Identität besteht: dein Charakter bzw. deine Persönlichkeit sowie deine Werte, Überzeugungen und Motive. Das Gefäß mit deinem Charakter bzw. deinen Wesenszügen ist geschlossen. Deine DNA ist unveränderlich. Das Gefäß mit Werten, Überzeugungen und Motiven hingegen ist offen. Es kann gefüllt und verändert werden durch den Kontext, in den du dich hineinbegibst. *Warum* du tust, was du tust, wird durch deine Werte, Überzeugungen und Motive bestimmt. *Wie* du es tust, wird durch deinen Charakter bestimmt.

KONTEXT

Der Kontext umschließt in diesem Schaubild deine Identität. Das ist absichtlich so, weil allein dort deine Persönlichkeit zum Ausdruck kommt. Gott hat uns als relationale Menschen geschaffen. Ohne Liebe, Zuneigung und ohne Interaktion können wir nicht überleben. Du bist nur, wer du bist, in Beziehung zu anderen. Andere sind nur das, was sie sind, in Beziehung zu dir.

Das Umfeld, in das du dich hineinbegibst, bestimmt, wie deine Persönlichkeit zum Tragen kommt *und* wie sie sich entwickelt. Zum Beispiel: Mein Charakter ist ziemlich dominant. Ich habe es gern, wenn alles so läuft, wie ich es mir in den Kopf gesetzt habe, und ich kann ganz schön genervt sein, wenn es nicht nach meinem Willen geht. Wenn ich einen Workshop veranstalte, bekomme ich von den Teilnehmern oft die Rückmeldung, ich würde so viel Ruhe ausstrahlen. Das funktioniert aber nur, weil die Teilnehmer interessiert sind und aktiv mitarbeiten. So kommen meine ungestümen, ungeduldigen Wesenszüge nicht zum Vorschein, weil die anderen so sind, wie sie sind.

KONTEXT, CHARAKTER UND WERTE IN BEZIEHUNG

Ich habe eine einfache Übung für dich, mit der du dem nachspüren kannst, wie der Kontext in Beziehung zu Werten und Charakter steht. Beantworte die folgenden Fragen und versuche in dich selbst hineinzuhorchen, warum du die jeweilige Antwort gibst:

Ich finde es gut, wenn Gäste mit Straßenschuhen mein Wohnzimmer betreten.
Ja/Nein, ich finde das in Ordnung/nicht in Ordnung, weil

....
....
....

Ich finde es gut, wenn Gäste mit ihren dreckigen Schuhen mein Wohnzimmer betreten.
Ja/Nein, ich finde das in Ordnung/nicht in Ordnung, weil

....
....
....

Ich finde es gut, wenn Gäste mit ihren Schuhen mein Wohnzimmer betreten, in dem ich gerade einen neuen, weißen Teppich verlegt habe.
Ja/Nein, ich finde das in Ordnung/nicht in Ordnung, weil

....
....
....

Der Kontext ist in diesem Fall dein Wohnzimmer mit den Gästen und ihren Schuhen. Du beurteilst diesen Kontext auf eine bestimmte Weise. Das hat mit deinen Werten zu tun. Du handelst daraufhin auf eine bestimmte Weise, das hat mit deinem Charakter zu tun. Zum Beispiel: Du findest Gastfreundschaft wichtiger als ein sauberes Haus (Werte), deshalb sagst du nichts oder dir fällt es vielleicht noch nicht einmal auf, dass dein Gast beim Hereinkommen noch die Schuhe anhat (Persönlichkeit).

VERHALTEN, KOMMUNIKATION UND SYMBOLE

Deine Identität wird in der Interaktion mit anderen sichtbar. Birkigt und Stadler legen in ihrem Buch *Corporate Identity* (2000) dar, dass sich die Identität einer Organisation in Verhalten, Kommunikation und Symbolen zeigt.[7] Ich denke, dass auch die menschliche Identität daran zu erkennen ist. Diese drei Aspekte findest du deshalb im äußersten Ring des Schaubildes. Das Verhalten nimmt den größten Raum im Schaubild ein. In der Interaktion mit anderen ist dein Verhalten der wichtigste Faktor, an dem sie erkennen können, wer du bist. Wenn jemand gequält lächelt, dann räumst du dem Verhalten, das er zeigt, den Vorrang ein, um zu entscheiden, ob das Lächeln echt ist oder nicht.

- **Verhalten:** Was du tust oder eben gerade nicht tust. In dem Beispiel von dem Gast, der seine Schuhe anlässt, zeigst du ein Verhalten, das mit deinen Werten und deinem Charakter übereinstimmt. Zum Beispiel: Du hast auch selbst im Wohnzimmer die Schuhe an.
- **Kommunikation:** Was du verbal oder nonverbal sagst. Zum Beispiel: An deinem Gesicht ist gut abzulesen, dass du über die dreckigen Schuhe nicht besonders glücklich bist.
- **Symbole:** Ein Zeichen oder ein Code, das oder der auf etwas anderes verweist. Zum Beispiel: Am Eingang hast du eine Fußmatte auf den Boden gelegt, auf der „Willkommen" steht. Das verweist auf deine Gastfreundlichkeit oder aber auf deinen Wunsch, dass deine Gäste sich ordentlich die Füße abtreten.

ZUSAMMENSPIEL

In deinem Verhalten, deiner Kommunikation und deinen Symbolen drückt sich deine Identität aus. Für andere ist es nicht mehr so einfach, deinen Charakter und deine Werte voneinander zu trennen, wenn sie dein Verhalten, deine Kommunikation und deine Symbole wahrnehmen. Zum Beispiel: Du hast ein ordentlich aufgeräumtes Haus. Kommt das daher, weil du es wichtig findest, dass dein Haus Ruhe ausstrahlt (Werte)? Oder kommt das daher, weil du von Natur aus sehr ordentlich bist (Charakter)? In den Kapiteln 1.4 und 1.5 nehmen wir deinen Charakter und deine Werte näher in den Blick.

ÜBUNG

Du hast in deinem Leben wahrscheinlich unbewusst eine Menge Symbole um dich herum versammelt. Mache in Gedanken einmal einen Rundgang durch dein Haus. Schreibe dir die Symbole, die dir begegnen, auf und notiere, was sie für dich bedeuten. Halte die Sache so einfach wie möglich. Zum Beispiel: Hast du irgendwo deine Hausnummer angebracht? Ist deine Hausnummer nüchtern, frech, groß oder einfach unauffällig? Hast du in deinem Haus viele oder wenige Fotos und was ist auf den Fotos zu sehen? Hängen Texte an deinen Wänden? Besitzt du Schmuck mit Symbolen?

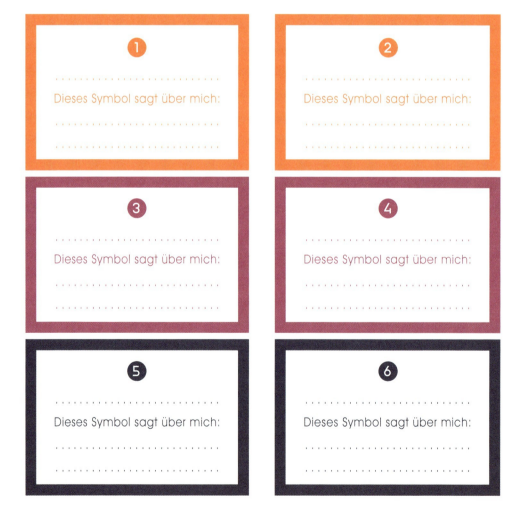

DEINE IDENTITÄT IN CHRISTUS

Anhand des Schaubildes über deine Identität möchte ich dir erklären, was es bedeutet, dass deine Identität in Christus begründet ist. Ich habe nie genau erklären können, was damit gemeint ist, bis ich verstanden habe, woraus meine Identität besteht.

Meiner Meinung nach bedeutet „deine Identität in Christus" folgende zwei Dinge:

1. Du erkennst, dass dein Charakter, deine Persönlichkeit von Gott geschaffen wurde und dass deine Charaktereigenschaften widerspiegeln, wer er ist.
2. Du lässt deine Werte, Überzeugungen und Motive durch Gott und sein Wort formen.

DEIN CHARAKTER IN CHRISTUS

Gott hat bei der Schöpfung schon bedacht, dass jeder Mensch einzigartig sein soll. Schau dir doch nur unser Äußeres an. Wenn du zwei Löwen im selben Alter nebeneinander setzt, musst du schon ein Experte sein, um sie auseinanderhalten zu können. Bei Menschen hingegen sind die Unterschiede augenfällig und imposant. Als Gott begann, uns Menschen zu schaffen, sagte er: „Lasset uns Menschen machen, ein Bild, das uns gleich sei." Gemeinsam spiegeln wir die Größe Gottes wider.

ÜBUNG

Ein nettes Spiel für lange Autofahrten ist immer wieder: „Wer bin ich?" Einer wird in Gedanken zu einer bestimmten Person und die anderen müssen raten, welche Person das ist. Das tun sie, indem sie Fragen stellen, die man nur mit „Ja" oder „Nein" beantworten kann. Fordere dich selbst einmal heraus und spiele dieses Spiel, indem du nur nach Persönlichkeitsmerkmalen (oder Charakterzügen) fragst und nicht nach äußerlichen Kennzeichen. Klappt es dann auch?

DEINE WERTE, ÜBERZEUGUNGEN UND MOTIVE IN CHRISTUS

Jeder Mensch trägt eine Reihe von Werten, Überzeugungen und Motiven in sich. Du auch. Die Werte drücken sich darin aus, wie du die Welt und andere betrachtest und was du wichtig findest im Leben. Wenn deine Identität in Christus ist, dann werden deine Werte, Überzeugungen und Motive durch das geformt, wie er die Menschen und die Welt sieht. Sie werden geformt durch die Wahrheit der Bibel. Die Wahrheit von Christus wird deine Wirklichkeit. Du stellst also nicht mehr „das Kind in den Mittelpunkt" (so wie das viele Schulen machen) oder dich selbst. Sondern du stellst Gott in den Mittelpunkt und das, wie er die Welt gemeint hat – seine Sichtweise der Welt, sein Ziel für die Menschen.

Ilses Überzeugung: „Es gibt für alles eine Lösung."

Ich erzähle dir Ilses Geschichte, damit du merkst, was es bedeutet, dass deine Werte und Überzeugungen durch deine Umgebung geformt werden:

Ilse hat einen großartigen Mann und einen guten Beruf. Sie ist gesund und pflegt ein reiches Sozialleben. Es geht ihr ausgezeichnet. Das passt auch zu der Erziehung, die Ilse genossen hat. Ihre Mutter konnte zupacken und war sehr praktisch eingestellt. Beinahe jeden Tag hat Ilse auf die eine oder andere Weise die Botschaft gehört: „Für alles gibt es eine Lösung." Daher kommt es, dass Ilse jetzt selbst so positiv eingestellt ist und dass sie in jeder Situation nach Chancen und Möglichkeiten sucht.

Eines Tages erfährt sie, dass ihr Mann ernsthaft erkrankt ist, und sie bricht zusammen. Das ist natürlich eine verständliche Reaktion. Ihre Welt und die ihres Mannes stehen plötzlich auf dem Kopf. Doch nach einer Weile entdeckt Ilse, warum sie die Krankheit ihres Mannes so sehr erschüttert hat. Es war diese kleine Stimme in ihrem Hinterkopf, die immer sagte: „Es gibt für alles eine Lösung." Das hat Ilse geprägt. Es war ihre feste Überzeugung geworden, dass sie alles zum Guten wenden kann. Ausgelöst durch die Krankheit ihres Mannes hat sie allerdings zum ersten Mal in ihrem Leben infrage gestellt, ob diese Überzeugung wirklich richtig ist. Sie hat die Erfahrung der Ohnmacht gemacht, der Grenzen ihres eigenen Könnens.

GOTTES WAHRHEIT

Sobald du dich selbst besser kennenlernst, entdeckst du auch, welche Werte, Überzeugungen und Motive du in dir trägst, die durch deine Umgebung und deine Erfahrungen geformt worden sind. Diese Überzeugungen können dich weit bringen, solange der Kontext es zulässt. Es kann aber sein, dass du eines Tages merkst, dass Gottes Wahrheit anders ist als deine. In Ilses Fall könnte das bedeuten, dass es in dieser Welt nicht immer eine Lösung für alles gibt und dass man das aushalten muss. Aber Jesus Christus wird eines Tages die gesamte Schöpfung, die seit dem Sündenfall der Menschen immer wieder von Leid und Finsternis geprägt ist, erneuern.

Ich möchte dir mit Ilses Geschichte nicht erzählen, dass du nicht auf deine Mutter hören sollst. Im Gegenteil. Ich hoffe, du merkst, dass es darauf ankommt, deine Werte, Überzeugungen und Motive zu entdecken, zu hinterfragen und von Gott formen zu lassen.

GOTT FEIERT EIN FEST, WENN ER DICH STRAHLEN SIEHT

Door Jolien de Goeij

Voller Bewunderung betrachte ich meine Tochter, die selbstsicher Pirouetten dreht und sich in der Aufmerksamkeit aller Umstehenden sonnt. Sie verneigt sich hingebungsvoll vor dem applaudierenden Publikum. Ihr Blick trifft meinen und ich sehe zwei leuchtende Augen, die natürliche, echte Freude verbreiten. Ich schaue mich um und frage mich, ob die anderen meine Tochter genauso sehen. Oder bin ich einfach nur eine stolze Mutter, die ihre Tochter gut kennt? Ich weiß schließlich, dass Tanzen und Aufführungen sie froh machen. Die Worte von Psalm 139 gehen mir durch den Kopf:

Herr, du erforschest mich und kennest mich. Ich sitze oder stehe auf, so weißt du es; du verstehst meine Gedanken von ferne. Ich gehe oder liege, so bist du um mich und siehst alle meine Wege. Denn siehe, es ist kein Wort auf meiner Zunge, das du, Herr, nicht alles wüsstest. Von allen Seiten umgibst du mich und hältst deine Hand über mir. Diese Erkenntnis ist mir zu wunderbar und zu hoch, ich kann sie nicht begreifen.

VATERHERZ

Gott hat uns geschaffen. Er kennt uns durch und durch. Er hat sich meine Tochter, er hat sich dich und mich ausgedacht. Wie intensiv muss er es wohl genießen, wenn wir etwas tun, das uns zum Strahlen bringt?! So, wie ich meine Tochter ansehe und mit Dankbarkeit erfüllt werde, weil meine Tochter etwas tut, bei dem sie aufblüht. So muss unser Vater im Himmel doch auch ein Fest feiern, wenn seine Schöpfung, seine Perle, seine geliebten Töchter und Söhne sich dafür entscheiden, das zu tun, wozu sie gemacht und wofür sie gedacht sind: Gottes Licht auszustrahlen und auszuleben!

STRAHLEN

Ich betrachte wieder meine Tochter, die mittlerweile zusammen mit anderen Kleinkindern in einer langen Reihe durch den Raum tanzt. Ich denke an alles, was ihr noch bevorstehen wird. Ich denke an die zerbrochene Welt, in der wir leben, und dass irgendwann jeder Kummer und Leid verdauen muss. Im Stillen bete ich, dass ihr Leuchten nie ausgelöscht wird. Dass sie immer wissen darf, dass sie Gottes geliebte Tochter ist. Ich bete, dass sie strahlen darf und andere sehen lassen kann, wer Jesus ist.

LEBEN MIT BEGEISTERUNG

Mit einem Mal weiß ich die Antwort auf meine Frage: Nein, andere Eltern betrachten mein Kind nicht auf dieselbe Weise wie ich. Ich bin voreingenommen. Ich genieße ihren Auftritt, weil sie ihn genießt, nicht weil sie perfekt tanzt. Was mich beim Auftritt meiner Tochter berührt, ist nicht, dass sie ihn fehlerlos durchführt, sondern dass sie es strahlend tut. So betrachtet Gott auch dich und mich. Es geht ihm nicht darum, dass unser Leben eine perfekte Aufführung ist, sondern dass wir voller Begeisterung leben.

ÜBUNG

Wenn du dich an diese Übung wagst, wirst du feststellen, dass die folgenden Begriffe für dich mit Leben gefüllt werden:
- **Kontext** (in der Übung: Umgebung)
- **Verhalten, Kommunikation und Symbole** (in der Übung: Verhalten)
- **Werte, Überzeugungen und Motive** (in der Übung: Überzeugungen und Sinngebung)
- **Identität**

Du erfährst darüber hinaus, dass sich andere auf der Grundlage deines Verhaltens, deiner Kommunikation und deiner Symbole ein Bild von dir machen. Und du wirst merken, dass du durch das, was ein anderer über dich sagt, deinen Werten, Überzeugungen und Motiven auf die Spur kommst:

Bitte zwei Menschen in deiner unmittelbaren Umgebung, dir eine Situation oder Tätigkeit zu beschreiben, in der sie dich ganz und gar in deinem Element sehen. Nach Möglichkeit sollte eine Situation aus der Vergangenheit stammen und eine in der Gegenwart angesiedelt sein. Du könntest diese Bitte etwa so formulieren:

„Ich möchte mich selbst besser kennenlernen. Dafür brauche ich deine Hilfe. Ich denke, du kennst mich ziemlich gut und siehst, wann ich in meinem Element bin und wann nicht. Kannst du mir eine Situation beschreiben, in der es dir so vorkam, dass ich wirklich in meinem Element war? Was hast du da in mir gesehen und was hat dich zu der Ansicht gebracht, dass ich ‚im Flow' bin?"

> Flow bezeichnet das als beglückend erlebte Gefühl eines mentalen Zustandes völliger Vertiefung (Konzentration) und restlosen Aufgehens in einer Tätigkeit („Absorption"), die wie von selbst vor sich geht.[8]

Dilts und Bateson unterscheiden sechs Ebenen, auf denen du denken, lernen und mit denen du dich auseinandersetzen kannst.[9] Diese sechs Ebenen helfen dir, eine Situation zu analysieren. Denke jetzt einmal an die Momente, Situationen oder Tätigkeiten zurück, die die von dir Befragten beschrieben haben. Versuche dann, die unten stehenden Fragen zu beantworten. Schreibe die Antworten doppelt auf, auf zwei Blättern – jeweils für eine Situation in der Vergangenheit und eine Situation in der Gegenwart. Dann kannst du sie hinterher nebeneinanderlegen und vergleichen.

Umgebung (wo ich bin)
Beschreibe so detailliert wie möglich, wie in dieser Situation deine Umgebung ausgesehen hat.
Wo bist du gewesen?
Wann bist du da gewesen?
Ist da viel oder wenig passiert?
Wie viele andere sind auch noch da gewesen und wie hast du dich dabei gefühlt?
Worauf hast du reagiert?

Verhalten (was ich tue)
Beschreibe dein Handeln in dieser Situation.
Was genau hast du gemacht?
Wie hast du das gemacht?
Wie hat sich deine Kommunikation mit anderen gestaltet?

Fähigkeiten (was ich kann)
Benenne die Qualitäten und Eigenschaften, die du eingesetzt hast.
Was hast du gut gemacht und weswegen hast du tun können, was du getan hast?
Welche deiner Qualitäten und Eigenschaften hast du in diesem Moment eingesetzt?
Was haben andere an dir geschätzt?

Werte und Überzeugungen (was ich glaube)
Berichte, was dich in dieser Situation geleitet hat.

Ich war davon überzeugt, dass …

Mir war sonnenklar, dass …

Identität (wer ich bin)
Beschreibe, was dich in dieser Situation zu dir selbst werden ließ.

Was sagt diese Situation über dich?

Welche Charakterzüge hast du hier gezeigt?

Welche Rolle hast du in dieser Situation eingenommen?

Mit welchem Tier würdest du dich in dieser Situation vergleichen?

Sinngebung / spirituelle Bedeutung (wofür ich stehe)
Beschreibe, warum diese Situation zu dem passt, was dir wichtig ist.

Ich würde so etwas gerne öfter erleben / tun, weil …

Wie würde es dein Umfeld / die Welt verändern, wenn es / sie durch diese Situationen / Tätigkeiten geprägt wäre, die die von dir Befragten an dir beobachtet haben?

BETRACHTE UND VERGLEICHE

Lege die beiden Papiere mit den aufgeschriebenen Antworten einmal nebeneinander. Welche Gemeinsamkeiten entdeckst du? Was sagen sie über dich? Gibt es auch Unterschiede? Wenn ja, bei welcher von den beiden Versionen fühlst du dich besser?

"WER BIST DU?", FRAGTE DIE SCHNECKE.
"ICH BIN NUR EIN WANDELNDER AST."
"NUR", FLÜSTERTE DIE SCHNECKE
NACHDENKLICH.
UND DANN, AUFGEWECKT:
"ABER DAS WAR GAR NICHT MEINE FRAGE!
ICH MEINE: WOFÜR LEBST DU,
WAS MACHST DU GERN?"
"NUN JA, TARNEN HABE ICH
ZU EINER KUNST GEMACHT.
SCHAU, ICH DEMONSTRIERE DIR DAS DOCH
GERADE",
ANTWORTETE DIE STABSCHRECKE.
"SAG DAS DOCH GLEICH",
ERWIDERTE DIE SCHNECKE RUHIG.

1.4 DEIN CHARAKTER

Vielleicht hast du dich schon seit vielen Seiten auf diesen Teil des Buches gefreut. Wann geht es denn nun endlich los? Wann entdecke ich, wer ich bin? Aber vielleicht fürchtest du dich auch schon seit vielen Seiten vor diesem Teil des Buches. Wer bin ich eigentlich? Kann ich überhaupt etwas? Wenn du immer noch mit solchen Gedanken herumläufst, dann bitte ich dich, die letzten Seiten noch einmal zu lesen. Sie sind nämlich um einiges wichtiger als das, was du jetzt über dich selbst herausfindest.

Packe in Gedanken eine Kiste voll. Stelle die Kiste auf den Tisch und stopfe eine Menge positiver Eigenschaften hinein, die du mittlerweile von dir selbst aussagen kannst. Verschließe dann die Kiste mit einem Deckel und stelle sie in den Schrank – genau das ist die Gefahr, wenn du einen Persönlichkeitstest machst. „Schön, jetzt weiß ich, wer ich bin. Alles klar!", denkst du vielleicht. Aber das ist ganz und gar nicht klar, denn jetzt fängt erst die eigentliche Arbeit an! Deine Persönlichkeit ist nichts, was absolut festgelegt ist – erinnerst du dich noch? Deine Werte und der Kontext, in den du dich begibst, spielen auch eine Rolle, wenn es um deine Identität geht.

Dieser Teil des Buches bietet dir genügend Input für ein „Speeddate" mit dir selbst. Ich lade dich ein, die kommenden Seiten nicht alleine durchzuarbeiten. Denn andere Menschen, die dich gut kennen, können dir einen Spiegel vorhalten. Sie können dir erzählen: „Da, in dieser Situation, bei dieser Tätigkeit, habe ich dich strahlen gesehen!", oder: „Puh, diese Situation hat dich ganz schön ausgelaugt, stimmt's?" Sie sind auch noch da, wenn du dieses Buch längst wieder ins Regal gestellt hast, und helfen dir, dich zu erinnern: „Weißt du noch, dass wir darüber gesprochen haben? Jetzt sehe ich, wie diese Talente bei dir zum Einsatz kommen!"

DIE GEBURT DEINES CHARAKTERS

Meine Mutter sagt immer: „Als kleines Baby hast du die Welt schon ganz genau beobachtet. Du warst sehr aufgeweckt und wolltest bei allem mitmachen." Auch du hast als Kind wahrscheinlich schon Eigenschaften gezeigt, die immer noch bezeichnend für dich sind. Warst du zum Beispiel immer fröhlich und ganz vorne mit dabei oder eher etwas stiller und bliebst lieber im Hintergrund? Alle Temperamente ergänzen einander, keines ist besser oder schlechter. Schön, nicht wahr? Gott sagt dir bei deiner Geburt zu, dass du so sein darfst, wie du gemeint bist.

AUFTRAG

Wenn du die Möglichkeit hast, bitte jemanden, der dich schon als Baby gekannt hat, deine erste Zeit zu beschreiben. Denke dabei an den Schlafens- und Essensrhythmus, ob du aktiv gewesen bist oder eher etwas ruhiger, wie du auf neue Situationen reagiert hast, ob du emotional stabil gewesen bist oder schnell aus der Fassung zu bringen, ob du dich an Kleinigkeiten gestört hast oder nicht, auf welche Weise du dir neue Fähigkeiten angeeignet hast, ob du ein Sonnenschein gewesen bist oder viel geweint hast.

DEINEN CHARAKTER KENNENLERNEN

Es ist unglaublich, wie viele verschiedene Kombinationen von einzigartigen Eigenschaften es gibt. Diese Kombinationen kommen zudem noch ganz individuell durch unterschiedliche Kontexte zur Entfaltung. Bis auf die DNA von eineiigen Mehrlingen ist die DNA jedes Menschen vollkommen einzigartig. 2015 hat *Scientias* sogar berichtet, dass man selbst die DNA von Mehrlingen voneinander unterscheiden kann, weil externe Faktoren leichte Spuren in ihr hinterlassen.[10] Niemand lernt und entwickelt sich in exakt demselben Kontext. Freunde, Lehrer, Klassenkameraden, Nachbarn – sie alle sind ein Teil deines einzigartigen Kontextes. Die Kunst besteht darin, zu entdecken, welche Kombination von einzigartigen Eigenschaften du hast und wie du sie in deinem Kontext zur Blüte bringen kannst.

ÜBUNG

Nimm dir vier verschiedenfarbige Stifte oder Buntstifte. Kreise damit jeweils vier Charaktereigenschaften ein, in folgender Reihenfolge, immer mit einer anderen Farbe:

Farbe 1: ○
Kreise die vier Charaktereigenschaften ein, von denen du meinst, dass sie am besten zu dir passen.

Farbe 2: —
Kreise die vier Charaktereigenschaften ein, von denen du meinst, dass sie am wenigsten zu dir passen.

Farbe 3: ✕
Kreise die vier Charaktereigenschaften ein, die du an anderen Menschen schätzt.

Farbe 4: ✓
Kreise die vier Charaktereigenschaften ein, die dir an anderen Menschen unangenehm sind.

ergebnisorientiert
spontan
sorgsam
kommunikativ
positiv
✓ kritisch
entschlussfähig
lebendig
autonom
✓ getrieben
bescheiden
○ sensibel
✓ neugierig
✕ aufrichtig
ruhig

abenteuerlich
✕ freundlich
unternehmungslustig
kreativ
direkt
— stabil
analytisch
✓ energisch
detailliert
○ hilfsbereit
bedachtsam
○ ordentlich
bedächtig
konsistent
objektiv

✕ diszipliniert
schnell
impulsiv
— ungezwungen
— geduldig
enthusiastisch
überzeugend
✕ verständnisvoll
gesprächig
— proaktiv

CHARAKTEREIGENSCHAFTEN ANPASSEN

Deine starken Charaktereigenschaften können in ganz unterschiedlichen Situationen Anwendung finden. Erinnere dich an das Fußballtalent. Der Fußballer ist nicht gut im Fußball, sondern er hat zum Beispiel eine strategische Einsicht und Durchsetzungsvermögen. Das zeigt sich in seinem Verhalten, wenn er einen Ball vor die Füße bekommt. Es kann sich aber auch zeigen, wenn er Dinge in Ordnung bringen soll, etwa in der Verwaltung des Betriebes seiner Frau.

ÜBUNG

Ziel dieser Übung ist es, dass du dir deiner eigenen Qualitäten im alltäglichen Leben bewusst wirst.

Nimm dir einmal vor, eine Woche lang dreimal am Tag zu benennen, welche deiner Eigenschaften du jeweils in den Stunden davor eingesetzt hast.

Morgen	Nachmittag	Abend
Das habe ich gemacht:	Das habe ich gemacht:	Das habe ich gemacht:
Diese Eigenschaften habe ich eingesetzt:	Diese Eigenschaften habe ich eingesetzt:	Diese Eigenschaften habe ich eingesetzt:
Das haben die anderen davon bemerkt:	Das haben die anderen davon bemerkt:	Das haben die anderen davon bemerkt:

Das Wertvollste daran, neue Dinge auszuprobieren, ist die anschließende Reflexion darüber. Das Experimentieren ist notwendig, aber die Reflexion ist ebenso gut. Denn so entdeckst du, was deine starken Seiten sind und was es ist, das anderen wirklich weitergeholfen hat. – Ben Tiggelaar, Autor & Management-Trainer

JEDER HAT GEFÜHL, DOCH BEI MANCHEN IST ES ETWAS VERSTECKTER ALS BEI ANDEREN

Wilma Tigchelaar ist Haptotherapeutin. Haptotherapie ist eine Form der Begleitung, die auf der Lehre vom menschlichen Gefühlsleben basiert. „Menschen, die zu mir kommen, haben sich selbst verloren. Entweder, weil sie sich fühlen, als seien sie im Hamsterrad des Alltags gefangen oder weil sie sich schon in jungen Jahren extrem anpassen mussten, um zu überleben."

„Wenn du vor einer roten Ampel stehst, dann ist es schlau, den Verstand einzusetzen. Bei mir lernst du, in den Situationen, in denen das wirklich hilfreich ist, auf dein Gefühl zu hören. Unsere Antennen sind sehr nach außen gerichtet. Wir halten sie ständig auf Empfang. Aber viele Menschen haben kein Empfinden mehr für ihr inneres Leben. ‚Wie fühlst du dich, wie geht es dir tatsächlich?' – drinnen und draußen, Gefühl und Verstand im Gleichgewicht, darum geht es in der Haptotherapie."

Gefühl für sich selbst entwickeln

„Wenn du nicht mit deinem Körper in Verbindung stehst, bemerkst du die Signale, die er dir gibt, zu spät. Du merkst es zum Beispiel erst, wenn du kurzangebunden und grob wirst, dass du Nackenschmerzen hast. Diese Signale lassen darauf schließen, dass du gefühlsmäßig zu wenig Raum für dich selbst einnimmst. Wenn du aber inneren Freiraum hast, kannst du dich bewegen. Dann kannst du bis zehn zählen und dich erst einmal beruhigen, wenn irgendetwas Unangenehmes passiert ist. Wir sagen viel zu spät, was wir fühlen. Wenn du früher sagst, was dich beschäftigt, dann kannst du es noch aus dem Kontakt mit dir selbst heraus tun. Wenn dir aber bereits alles über den Kopf gewachsen ist, hast du keinen emotionalen Puffer mehr, keinen inneren Freiraum – dann wird aus einer Diskussion kein Dialog, sondern ein Streit."

Raum einnehmen

„Wieder zu *fühlen*, das kann man lernen. Und zwar mit Übungen, die auf Erfahrungen abzielen. Ich lege zum Beispiel eine Matte zwischen mir und meinen Klienten auf den Boden. Dann sage ich: ‚Wir stellen uns beide auf die Matte und es muss sich für beide gut anfühlen.' Und dann schaue ich, was passiert. Die meisten machen nur einen ganz kleinen Schritt. Damit überlassen sie mir allen Raum, ich kann mich überall auf die Matte stellen. Als Nächstes stelle ich mich ganz nahe vor sie, sodass sie am liebsten wieder von der Matte heruntertreten würden. Dann zeige ich ihnen, wie sie gerade reagiert haben. Darauf sagen die meisten: ‚Oh, das sieht aber ganz schön unsicher aus – als ob du mit mir machen kannst, was du willst.' Meistens erkennen die Klienten dann, dass sie anderen in ihrem Leben zu viel Raum geben und sich selbst ‚kleiner' machen."

Egoistisch?

„Oft sagen Leute: ‚Das hört sich so egoistisch an.' Es gibt einen großen Unterschied zwischen Egoismus und Selbstbewusstsein. Ein Egoist stellt sich so hin, wie er will, und wenn es sein muss, dann auch auf Kosten von anderen. Selbstbewusstsein aber bedeutet, dass du dir dessen bewusst bist, was du selbst willst und kannst, und dass du daraufhin eine Entscheidung triffst. Zum Beispiel ist jemand, den du kennst, krank. Du denkst darüber nach, ihm zu helfen. Wenn du ehrlich zu dir bist, hast du aber eigentlich keine Lust. Das ist nicht unbedingt egoistisch. Du kannst die bewusste Entscheidung treffen, ihm zu helfen. Du tust es, weil es dir wichtig ist."

Gesehen werden

„Jeder hat Gefühl, doch bei manchen ist es etwas versteckter als bei anderen. Das hängt vom Umfeld ab, in dem du lebst. Alles, was geschehen ist, hat dich zu dem gemacht, der du jetzt bist. Du bist, was du bist, nur in der Beziehung zu anderen. Es ist schön, wenn du ein Talent hast, aber welche Bedeutung hat das, wenn es niemandem zugutekommt? Das finde ich das Wunderbare an Jesus: Er gibt Menschen Raum, sodass sie selbst wieder in Bewegung kommen und Verantwortung für ihr eigenes Leben übernehmen. Wenn du zu Jesus kommst, wie du wirklich bist, dann wirst du wirklich gesehen und gehört. Das ist unglaublich heilsam. Dadurch trauen Menschen sich erst, sich selbst wieder wahrzunehmen."

Blühen

„Mein Talent ist, dass ich gut zuhören kann, dass ich Raum biete und dass ich den Menschen mit seinen Bedürfnissen hinter seinen Beschwerden wahrnehme. Das hilft Menschen, wieder aufzublühen und zu wachsen."

ÜBUNG

Nimm dir zwei der Charaktereigenschaften, die du mit der ersten Farbe eingekreist hast, und überlege dir eine neue Weise, wie du diese Eigenschaften einsetzen kannst. Suche dir die schönste von den beiden aus und nimm dir vor, diese Fähigkeit in dieser Woche umzusetzen. Wenn du zum Beispiel geduldig bist, dann nimm dir vor, jemanden beim Einkaufen an der Kasse vorzulassen. Wenn du ordentlich bist, dann biete einem Kollegen an, seinen Schrank oder Schreibtisch aufzuräumen und zu ordnen.

Charaktereigenschaft:
....
Einsatzmöglichkeit:
....
Charaktereigenschaft:
....
Einsatzmöglichkeit:
....

Stelle dir selbst danach eine Reihe von Fragen. Zum Beispiel: Wie hat sich das für mich angefühlt? Welche Eigenschaft aus der Liste habe ich bei diesem Einsatz noch gebraucht? Was ist eventuell bei anderen passiert, die bei diesem Einsatz ebenfalls involviert waren?

Ich bin ein Gefühlsmensch und ich bin kreativ. Musizieren finde ich zum Beispiel sehr schön. Ich habe schon mehrmals in meinem Leben versucht, Gitarre spielen zu lernen. Jedes Mal habe ich nach einer Weile wieder damit aufgehört. Als ich mir diese Übung ausgedacht habe, ist der Wunsch in mir aufgestiegen, es noch einmal zu versuchen. Während des Übens wird mir nun bewusst, dass ich sehr viel Disziplin dafür brauchen werde, obwohl ich doch ein Mensch bin, der lieber gleich das fertige Ergebnis sehen würde. Aber allein mit Gefühl und Kreativität komme ich nicht weiter. Ich bin gespannt, ob mich diese Erkenntnis dieses Mal weiterbringen wird als die vorherigen Male.

> *Auch wenn es banal klingt: Wenn du z. B. ein Lastwagenfahrer bist, dann kannst du nicht sagen: „Ich kann sehr gut vorwärts fahren, aber für das Rückwärtsfahren hole ich mir lieber einen Assistenten." Ein Arbeitsauftrag bzw. eine Aufgabe gibt es nur im Paket. Deshalb musst du manchmal versuchen, an einem schwachen Punkt besser zu werden, der einen wichtigen Aspekt deiner Arbeit ausmacht.* — Ben Tiggelaar, Autor & Management-Trainer

VERHALTENSWEISEN ENTDECKEN MIT DISG

DISG ist ein Persönlichkeitstest, der dir hilft, deinen Charakterzügen, die oft dein Verhalten bestimmen, auf die Spur zu kommen. Dieses Persönlichkeitsmodell geht davon aus, dass du auf der Grundlage deines Charakters (so wie er jetzt ist) dazu neigst, ein bestimmtes Verhalten an den Tag zu legen. Dieses Verhalten fällt dir ziemlich leicht. Besonders in Situationen, in denen du unter Druck stehst oder gestresst bist, zeigst du meistens das Verhalten, dass dir von deiner Persönlichkeit her naheliegt.

IN EINER SCHUBLADE

Wenn du eine DISG-Analyse durchführst, könnte die Befürchtung in dir aufsteigen, dass du dich selbst in eine Schublade steckst. In gewisser Weise ist das natürlich auch so, denn du erhältst auf der Grundlage von 24 Fragen eine ungefähre Beschreibung deiner Persönlichkeit, deines Charakters (mit den Verhaltenstendenzen **D**ominant – **I**nitiativ – **S**tetig – **G**ewissenhaft). Wenn du das Ergebnis deiner Analyse betrachtest, dann erinnere dich daran, nicht bei diesem Ergebnis stehen zu bleiben. Du lässt dich nicht in eine Schublade stecken. Eine DISG-Analyse ist kein Ziel in sich.

Die meisten Menschen, die mithilfe des DISG-Tests ein Persönlichkeitsprofil von sich erstellen, sind positiv überrascht – sie erzählen, dass sie endlich begreifen, woher ein bestimmtes Verhalten kommt. Oder warum sie sich so gut (oder eben nicht gut) mit der Nachbarin verstehen. Es ist eines der Ziele der DISG-Analyse, sich selbst und andere besser zu verstehen.

Verstehen ist nicht unbedingt immer etwas Angenehmes und Leichtes, im Sinne von: „Ich verstehe es jetzt, okay, alles klar." Verstehen schafft aber einen Raum für den Dialog mit dir selbst und mit anderen.

ANALYSE:
WAS ZEICHNET DEINEN CHARAKTER AUS?

> Tipp: Beantworte die Fragen mit einem Bleistift. Dann kannst du sie hinterher wieder ausradieren und danach einen anderen bitten, die Fragen für dich zu beantworten.

TEIL 1: TEMPO

Arbeitsanweisung: Schreibe A auf, wenn du dich für die obere Aussage entscheidest, und B, wenn du die untere wählst. Zähle am Ende zusammen, wie oft du A und wie oft du B eingetragen hast.

..... Ich werde ungeduldig, wenn ich warten muss.
..... Ich finde es völlig in Ordnung, wenn ich kurz warten muss.

..... Mein Sprechtempo ist relativ schnell.
..... Mein Sprechtempo ist relativ langsam.

..... Wenn ich etwas entscheiden muss, finde ich es gut, vorher darüber nachzudenken.
..... Wenn ich etwas entscheiden muss, tue ich das impulsiv.

..... Ich übernehme oft die Initiative.
..... Ich warte lieber ab.

..... Ich spreche mit einer kräftigen, selbstsicheren Stimme.
..... Ich mache ab und zu eine Pause, damit andere auch etwas sagen können.

..... Ich finde es unangenehm, ruhig zu sitzen.
..... Ich kann gut für eine Weile nichts tun.

..... Ich habe ein starkes Dringlichkeitsgefühl.
..... Ich mag Hektik nicht.

..... Andere würden mich als extrovertiert bezeichnen.
..... Andere würden mich als introvertiert bezeichnen.

..... Eine neue Situation ist für mich etwas Wunderbares.
..... In einer neuen Situation brauche ich eine Weile, um mich daran zu gewöhnen.

..... Zuhören finde ich schwierig.
..... Zuhören ist für mich kein Problem.

..... Ich handle schnell, spontan und zielgerichtet.
..... Ich handle sorgfältig und überlege meine Pläne.

..... Ich laufe zur Höchstform auf, wenn ich eine Deadline habe.
..... Ich mag es nicht, unter Druck arbeiten zu müssen.

Anzahl A: ....
Anzahl B: ....

TEIL 2: PRIORITÄT

Arbeitsanweisung: Schreibe A auf, wenn du dich für die obere Aussage entscheidest, und B, wenn du die untere wählst. Zähle am Ende zusammen, wie oft du A und wie oft du B eingetragen hast.

..... Ich arbeite am liebsten allein.
..... Ich arbeite am liebsten in einer Gruppe.

..... Ich bin ein rationaler Mensch.
..... Ich bin ein emotionaler Mensch.

..... Mir sind Ziele und Ideale wichtiger als Harmonie.
..... Mir ist Harmonie wichtiger als Ziele und Ideale.

..... Ich trage mein Herz nicht auf der Zunge.
..... Ich bin ein offenes Buch.

..... Ich bin erst zufrieden, wenn ich überprüfbare Qualität abliefere.
..... Ich bin erst zufrieden, wenn die anderen das auch sind.

..... In einem Gespräch komme ich meistens schnell zur Sache.
..... In einem Gespräch finde ich es schön, zunächst ein bisschen zu plaudern.

..... Bevor ich eine große Anschaffung mache, vergleiche ich die Qualität der verschiedenen Produkte.
..... Bei großen Anschaffungen vertraue ich auf die Erfahrungen von anderen.

..... Wenn ein Freund vorbeikommt, während ich gerade etwas tue, brauche ich einen Augenblick, um umschalten zu können.
..... Wenn ein Freund vorbeikommt, während ich gerade etwas tue, lasse ich alles stehen und liegen.

..... Ich mag Besprechungen, die gut vorbereitet sind und strukturiert durchgeführt werden.
..... Ich mag es, wenn es während Sitzungen Raum für Gespräche gibt.

..... Ein Ort, an dem ich gut arbeiten kann, hat ein optimales Arbeitsklima, deswegen fühle ich mich da zu Hause.

..... Ein Ort, an dem ich mich zu Hause fühle, hat ein optimales Arbeitsklima, deswegen kann ich da gut arbeiten.

..... Ich schätze es, wenn mich andere mit klaren Argumenten und dem Zusammentragen von Fakten beraten.
..... Ich schätze es, wenn andere mich beraten, indem sie mich unterstützen und persönliche Anteilnahme zeigen.

..... Ich bin etwas unnahbar.
..... Mit mir kann man einfach in Kontakt treten.

Anzahl A: ....
Anzahl B: ....

Fülle jetzt das Schaubild aus. Teil 1 dieses Testes bestimmt die vertikale Achse. A ist oben, B ist unten. Das Ergebnis aus Teil 2 wird auf der horizontalen Achse eingetragen. A ist links und B ist rechts. Wenn du alle Punkte eingetragen hast, verbinde sie mit einer Linie.

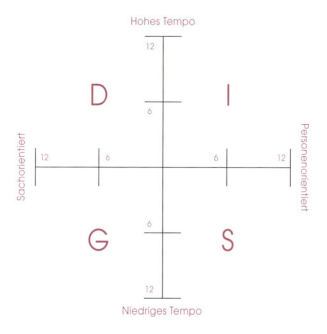

ANMERKUNG

Bevor du weiterliest, möchte ich eine Anmerkung machen: Dieser Test liefert nur eine ungefähre Beschreibung deiner Persönlichkeit, deines Charakters. Das bedeutet Folgendes:

a) Dieser Test ist nicht dazu da, dich in eine Schublade zu stecken. Du *bist nicht* D (Dominant), I (Initiativ), S (Stetig) oder G (Gewissenhaft), worauf auch immer die hier abgedruckte begrenzte Analyse hinweisen mag. Hüte dich also vor Sätzen wie: „Ich bin D!"

b) Diese Analyse ist längst nicht so genau wie ein ausführlicher DISG-Test, den du zum Beispiel im Internet machen kannst.

Wie gesagt: Dieses Buch bietet dir nur ein „Speeddate" mit deinem Charakter.

GRUNDTENDENZ UND UNTERSTÜTZENDE TENDENZEN

Du hast soeben einen verkürzten DISG-Test gemacht. DISG liefert dir einen Blick auf deinen Charakter und deine besonderen Persönlichkeitsmerkmale. Wenn du die Punkte, die du auf Grundlage der Analyse eingetragen hast, miteinander verbindest, entdeckst du wahrscheinlich, dass sich dein Muster nicht nur auf *ein* Buchstabenfeld, einen Quadranten beschränkt. Du hast *eine* Grundtendenz, die in einem bestimmten Maß unterstützt wird, und eine oder zwei andere Tendenzen. Du bist also nicht *ein* Verhaltensmuster, sondern du hast eine bestimmte Anzahl von Kombinationen aus unterschiedlichen Tendenzen.

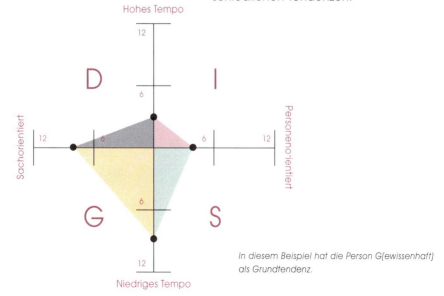

In diesem Beispiel hat die Person G(ewissenhaft) als Grundtendenz.

TEMPO UND PRIORITÄT

Du kannst deine Persönlichkeit auf der Grundlage von zwei Elementen charakterisieren: Tempo und Priorität. Zeigt dein Verhalten ein niedriges oder ein hohes Tempo, sind eher Aufgaben oder Menschen deine Priorität?

Tempo

Wenn du dir das „Tempo" deines Charakters betrachtest, dann geht es um das, was man von außen sieht: dein Verhalten, deine Kommunikation und deine Symbole. Sprichst du zum Beispiel sehr schnell oder eher etwas langsamer? Verrichtest du deine Arbeit in einem hohen Tempo oder etwas langsamer? Du kannst dir denken, dass beide Geschwindigkeiten jeweils ihren Wert haben. Wenn du ein niedrigeres Tempo fährst, bist du eher introvertiert. Du denkst gerne nach, bevor du handelst. Du triffst wohlüberlegte Entscheidungen und wägst erst sorgfältig alle Eventualitäten ab. Wenn du ein höheres Tempo hast, dann bist du eher extrovertiert. Du lässt dich häufiger durch große Linien leiten und durch das, was deiner Meinung nach wirklich wichtig ist.

Prioriät

Wenn du deine Priorität in den Blick nimmst, dann liegt der Akzent entweder auf Menschen oder auf Aufgaben. Wenn deine Priorität von Natur aus bei Menschen liegt, dann lässt du dich durch Gefühle und Emotionen leiten. Du gibst deinem Gefühl, Menschen und Beziehungen den Vorrang. Wenn deine Priorität von Natur aus eher bei Aufgaben liegt, dann lässt du dich durch Ergebnisse leiten. Du ziehst das Erreichen von Zielen oder das Erledigen von Aufgaben vor. Zum Beispiel: Wenn du am Rasenmähen bist und deine Nachbarin kommt auf ein Schwätzchen vorbei, bist du eher geneigt, den Rasenmäher während des Gesprächs laufen zu lassen, damit du gleich wieder loslegen kannst, oder stellst du ihn ab und gehst zu ihr hin, um sie zu fragen, wie es ihr geht?

Durch die knappe DISG-Analyse, die du eben durchgeführt hast, erhältst du Werte, die du in ein Koordinatensystem einzeichnen kannst. Das entstandene Muster gibt dir einen Hinweis darauf, in welchem Bereich des Koordinatensystems bzw. bei welcher Grundtendenz deine Persönlichkeit hauptsächlich angesiedelt ist. In dem Schema auf der folgenden Seite bekommst du noch einmal eine ausführlichere Übersicht, wofür die Buchstaben D, I, S und G stehen und was jeweils einen dominanten, initiativen, stetigen und gewissenhaften Charakter auszeichnet.

	Dominant	Initiativ	Stetig	Gewissenhaft
Typische Charaktermerkmale:	ergebnisorientiert, proaktiv, entscheidungsfreudig, direkt	begeisterungsfähig, positiv, überzeugend, kommunikativ	geduldig, bescheiden, verständnisvoll und stabil	analytisch, perfektionistisch, genau, beständig
Sind gut in:	Leiten und Initiative ergreifen, Aufgaben erledigen und Ergebnisse erzielen	andere dazu inspirieren, damit sie in Aktion treten, schnell, optimistisch und kreativ denken	Zuhören, Harmonie in Gruppen erzeugen, die Zusammenarbeit mit anderen koordinieren	Organisieren, Planen, bevor Entscheidungen getroffen werden, schnell denken und langsam reden
Haben Mühe mit:	Wiederholungen, immer gleichen Arbeitsabläufen, diplomatischem Auftreten, sich öffnen und Privatangelegenheiten teilen	Ideen umsetzen, Einschränkungen, Routine und regelmäßigem Berichten	Veränderungen, Wettbewerb und Arbeit mit diktatorischen und unfreundlichen Menschen	unvorhersehbaren Menschen oder Umgebungen, Offenheit und Arbeit in Gruppen
Im Kontakt mit ihnen solltest du in den Blick nehmen:	ihre Ziele	ihre Ideen	ihre Gefühle	ihre Gedanken
Motiviert durch:	Ergebnisse, neue Möglichkeiten, Herausforderungen und Kontrolle über die eigene Arbeitssituation	öffentliche Anerkennung, Gedankenaustausch und im Mittelpunkt des Interesses stehen	Wertschätzung, Verständnis und tiefe Beziehungen	Lob, Einverständnis, Qualität, Logik und Details
Lieben:	Herausforderung, Freiheit von Regeln und Leitungsaufgaben	freundliche Atmosphäre, Kontakt mit anderen und Humor	ernsthafte Wertschätzung, klare Erwartungen und Harmonie	Daten analysieren, Qualität und korrekte Abläufe
Haben Angst davor:	benutzt zu werden, als schwach oder weich angesehen zu werden und die Kontrolle zu verlieren	abgewiesen zu werden und soziale Wertschätzung zu verlieren	Stabilität und Sicherheit zu verlieren und in die Konfrontation gehen zu müssen	Kritik zu bekommen und Präzision und Qualität hintanstellen zu müssen
Suchen andere, die:	Details nachliefern und für ihn die Routineaufgaben übernehmen	Details nachliefern, Routineaufgaben für ihn übernehmen und Prozesse initiieren und kontrollieren	Aufgaben an ihn delegieren und in schwierigen Situationen und bei Problemen Hilfe anbieten	wichtige Aufgaben gründlich ausgearbeitet haben und schnelle Entschlüsse treffen wollen
Fallgrube:	Neigung, andere beherrschen und kontrollieren zu wollen und zu hohe Ansprüche zu stellen	administrative Aufgaben und Verlust des Fokus	bei Veränderungen erst einmal abzuwarten	träge Entscheidungsfindung, Aufgaben festzuhalten, statt sie zu delegieren

Dieses Schema wurde mit freundlicher Genehmigung von DISC Benelux (Johan van Trommelen) übernommen.

CHECK: DIE ÜBUNGEN IM VERGLEICH

Wenn du möchtest, kannst du jetzt die Ergebnisse der verschiedenen Übungen, die du gemacht hast, neben die Merkmale deiner Persönlichkeit legen, wie du sie durch den DISG-Test herausgefunden hast. Siehst du Übereinstimmungen? Scheinen die Charaktermerkmale, die du als auf dich zutreffend eingekreist hast, zu denen zu passen, die bei dem verkürzten DISG-Test herausgekommen sind? Sehen die anderen in deinem Verhalten dasselbe Tempo und dieselbe Priorität, wie du sie durch die Analyse herausgefunden hast? Und gehören die Charaktereigenschaften, bei denen du dich weniger wohlfühlst, in den Quadranten des DISG-Schaubildes, der deinem Grundtendenz-Feld schräg gegenübersteht? Zum Beispiel: Bei der Einkreisaufgabe hast du markiert, dass du „entschlussfähig" bist (typisch D). Hast du als Charaktereigenschaft, bei der du dich weniger wohlfühlst, „bescheiden" eingekreist (typisch S)?

ES IST AN DER ZEIT, MEINE WEISHEIT WEITERZUGEBEN

Door Rianne Zegelaar

Dieser Brief ist für dich, meine Tochter. Ich bin eine alte Frau und meine Jahre sind gezählt. Aber es ist an der Zeit, meine Weisheit weiterzugeben. Schon seit Generationen funktioniert es so und genau genommen bin ich nur ein Rädchen im Getriebe. So wie meine Mutter ihre Weisheit weitergegeben hat, gebe ich meine nun auch an dich weiter.

Wenn ich an meine Mutter denke, füllt sich mein Herz mit Wärme. Schon als ich noch sehr klein war, hat sie meine Talente in mir gesehen. Vor allem da, wo ich es selbst noch nicht bemerkt hatte. Sie nahm mein starkes Gerechtigkeitsgefühl wahr, als ich für die Kinder eintrat, die schlecht behandelt worden waren. Später hat sie meinen weiblichen Charme bemerkt, während ich mir dessen noch überhaupt nicht bewusst war. Und sie hat mein Talent gesehen, Dinge mit Liebe und Takt zu tun – etwas, wovon ich erst später in meinem Leben die Früchte ernten sollte.

Das Allerwichtigste, das sie mir beigebracht hat, war, mutig zu sein. Sie hat oft gesagt: „Esther, du kannst noch so viel Talent haben, aber du brauchst auch Mut, um dein Talent einzusetzen, wenn es darauf ankommt. Warte nicht, bis du keine Angst mehr hast! Denn Mut ist nicht die Abwesenheit von Angst, sondern der Glaube an etwas, das wichtiger ist als Angst!" Ich habe damals noch nicht gewusst, wie viel Bedeutung diese Worte später bekommen würden.

Dann hat das Schicksal zugeschlagen, denn meine Mutter ist krank geworden. Todkrank. An ihrem Sterbebett haben wir lange Gespräche geführt, die ich in guter Erinnerung behalte. Wir haben einander die Hand gehalten, während sie ihre letzten Worte gesprochen hat: „Meine Tochter, sei entschlossen und standhaft, lass dich durch nichts abhalten oder entmutigen, denn wohin du auch gehst – der Herr, dein Gott, ist bei dir." Sie hat mich zurückgelassen, traurig. Aber auch dankbar für ihr kostbares Erbe der Weisheit in meinem Herzen.

Jahre sind vorübergegangen und ich bin älter geworden. Eines Tages hat ein Ereignis mein Leben völlig auf den Kopf gestellt. Ich bin für den Harem des Königs ausgesucht worden. Das war eine gewaltige Ehre, jedenfalls für ein Mädchen aus einfachen Verhältnissen so wie ich. Meine erste Begegnung mit dem König ist unvergleichlich gewesen. Er hat mir das Gefühl gegeben, dass ich wirklich gesehen werde. Das war etwas ganz Besonderes – vor allem, wenn man sich überlegt, dass er viele schöne Frauen in seiner Umgebung hatte. Ich habe mich sehr geehrt gefühlt, als er mich fragte, ob ich Zeit mit ihm verbringen möchte. Unsere Liebe beruhte auf Gegenseitigkeit und er hat mich schließlich zu seiner Königin gemacht. Zum ersten Mal seit Jahren bin ich wieder glücklich gewesen.

Doch dann habe ich erfahren, dass ein Diener des Königs ihn gegen mein Volk aufhetzte. Dieser Diener wollte alle Juden töten lassen – mein Volk, meine geliebte Familie! Das ist der Moment gewesen, in dem ich Farbe bekennen musste. Und das ist auch der Moment gewesen, in dem meine Talente mehr denn je gefragt waren: mein Gerechtigkeitsgefühl, mein Charme und meine Gabe, Dinge umzusetzen. Ich habe gewusst, dass ich alles in mir trage, was ich brauche. Doch eine Sache fehlte mir noch: Mut.

Ich bin zum König gegangen, ohne von ihm gerufen worden zu sein. Das war gegen das Gesetz, aber ich habe keinen anderen Ausweg gesehen. Wenn dies mein Ende bedeutet hätte, dann wäre es mir wohl so vorherbestimmt gewesen. Während ich nun vor dem königlichen Saal stand und wartete, hörte ich glasklar die Stimme meiner Mutter in meinem Kopf: „Geh, liebe Tochter, und trete ins Licht. Sei entschlossen und standhaft, lass dich durch nichts aufhalten oder entmutigen, denn wohin du auch gehst – der Herr, dein Gott, ist bei dir."

Der Rest ist Geschichte. Letzten Endes, nach einem blutigen Schauspiel, ist mein Volk gerettet worden. Und jetzt, viele Jahre später, dringt die Bedeutung erst wirklich zu mir durch. Ich bin die richtige Person am richtigen Platz gewesen. Aber es hat Mut gebraucht, um im richtigen Augenblick das zu tun, was notwendig war. Ich habe es gewagt, ermutigt durch die Stimme meiner Mutter. Und so ist mein Talent zum Segen für das ganze Volk geworden.

Meine Tochter, zeige Mut, wenn es wirklich darauf ankommt! Wisse, dass Gottes ermutigende Stimme in deinen Ohren erklingt. Geh voran, habe keine Angst. Lass die Menschen dein gottgegebenes Talent sehen und strahle in seinem Licht. Geh durch die offenen Türen, die Gott dir schenkt. Liebe Tochter, worauf wartest du noch?

1.5 WERTE, MOTIVE UND ÜBERZEUGUNGEN

„Warum sagst du gar nichts dazu?" „Jetzt sei mal nicht so streng, lass sie doch!" Das sind zwei Aussprüche, die mein Mann und ich ohne Weiteres zueinander sagen könnten. Zum Beispiel, wenn die Kinder wieder einmal zu übermütig auf dem Sofa herumtoben.

In Kapitel 1.2 hast du gelesen, dass deine Identität in deiner Kommunikation, deinem Verhalten und deinen Symbolen sichtbar wird. Das eben beschriebene Beispiel illustriert das sehr schön. Mein Mann sieht mich ruhig sitzen (Verhalten) und fragt frustriert: „Warum sagst du gar nichts dazu?" (Kommunikation). Das Sofa steht für uns (Symbol). Was verraten dieses Verhalten, diese Kommunikation und dieses Symbol über unsere Identität?

Über unsere Persönlichkeiten kannst du auf Grundlage dieser Angaben vielleicht das eine oder andere aussagen. Und wenn du die Situation noch etwas genauer unter die Lupe nimmst, erfährst du auch etwas über unsere Werte und Motive. Darüber, was wir wichtig finden im Leben. Mein Mann findet es wichtig, dass wir sorgsam mit unseren Dingen umgehen. Ich finde es wichtig, dass unsere Kinder unbekümmert spielen können.

Rund 80 Prozent aller Gespräche, die du führst, haben mit einem der folgenden Aspekte zu tun:

1. Deine Umgebung. Wo findet das Gespräch statt? Wie sieht es dort aus? (Beispiel: „Schönes Wetter, nicht wahr?")

2. Dein Verhalten oder deine Kommunikation. Was tust du? Was tust du nicht? Was sagst du? (Was hast du am Wochenende gemacht?)

3. Was du kannst. Welche Fähigkeiten brauchst du dafür? Was sind deine Qualitäten? (Ich bin gut im Schreiben, ich bin nicht so gut im Ordnung-Halten.)

WICHTIGKEIT VON WERTEN

Das „Sofa-Beispiel" macht dir deutlich, wie wichtig Werte, Motive und Überzeugungen für unsere Identität sind. Wenn wir in unserer Identität selbstgenügsam sind, dann gehen wir sehr schnell (geradezu pfeilschnell) an dem vorbei, was andere wichtig finden. Und vor allem, *warum* sie das wichtig finden. Davon werden unsere Persönlichkeitsmerkmale nicht gerade kompatibler in Bezug auf die Gemeinschaft mit anderen. Wenn du z. B. tatkräftig bist, kann es schnell passieren, dass du ungehalten wirst, wenn du die Meinung eines anderen für unwichtig hältst. Wenn du bescheiden bist, wirst du vielleicht dazu neigen, unsichtbar zu werden, wenn ein anderer dir mitteilt, dass er nicht gerade auf dich gewartet hat.

ÜBUNG

Versuche einmal zu beschreiben, welche Werte, Motive und Überzeugungen hinter meinem Handeln im Sofa-Beispiel stehen. Die meines Mannes habe ich dir schon einmal aufgeschrieben.

MANN

Überzeugung: Wenn die Kinder auf dem Sofa spielen, geht es kaputt.

Motiv: Das Sofa war teuer und ich würde es gerne lange behalten. Ich finde es wichtig, dass es weiterhin ordentlich aussieht.

Wert: Nachhaltigkeit

FRAU

Überzeugung:

Motiv:

Wert:

Wenn du über Werte, Überzeugungen und Motive nachdenkst, dann denkst du über etwas nach, das für dich wirklich wichtig und essentiell für dein Sein ist. Du kannst die Frage: „Welche Richtung soll die Welt einschlagen?" als Ausgangspunkt nehmen. Wenn du diese Frage beantwortest, merkst du, dass Werte nicht allein für dein Leben gelten, sondern dass du die Überzeugung in dir trägst, dass deine Werte auch für die Gesellschaft oder die Menschheit das Beste wären. Sie verkörpern dein Bild von dem, was gut, gerecht oder wünschenswert wäre.

> *Jeder darf hier er selbst sein. Es geht dabei um das, was essentiell ist. Darum, wer du in deinem tiefsten Inneren bist. Zum Beispiel: Ist die Wahl deiner Kleidung wirklich essentiell dafür, wer du bist? Manchmal musst du deine eigene Freiheit beschränken, um einem anderen Freiheit zu gewähren.* – Frère Jasper, Taizé

WERTESYSTEM

Wenn du deine Werte mit denen eines anderen vergleichst, geht es darum, *welche* Werte du für wichtig hältst. Zum Beispiel Nachhaltigkeit oder Gesundheit. Daneben kannst du auch benennen, welche Priorität die jeweiligen Werte für dich haben. In dem Beispiel von unseren Kindern, die auf dem Sofa spielen, ist es natürlich nicht so, dass ich Nachhaltigkeit für unwichtig halte. Ich ziehe allerdings einen anderen Wert dem Wert der Nachhaltigkeit vor. Jeder von uns ordnet für sich selbst seine Werte in einer individuellen Rangfolge an. Den einen Wert findest du weniger wichtig, den anderen mehr.

Wenn ich mit Menschen oder Teams in Organisationen Workshops durchführe, dann merke ich, dass es sie irritiert, dass für sie nicht alles gleich wichtig ist. Ich bitte sie zum Beispiel anzugeben, welche drei oder fünf Werte für sie die wichtigsten darstellen. Sobald sie bemerken, dass sie damit zugleich aussagen, dass andere Werte für sie weniger wichtig sind, werden sie unsicher. Sie bekommen dann das Gefühl, dass sie damit diesen Worten oder Werten nicht gerecht werden. „Wie kann ich einen Wert wie Gesundheit jetzt einfach beiseitelassen?" Meist antworte ich dem Fragesteller dann: „Du hast dir die Antwort doch schon selbst gegeben: Diese Werte sind *für mich* oder *für uns* weniger wichtig. Das gibt den Ausschlag! Das bedeutet nicht, dass sie gar nicht wichtig sind, denn das sind sie schon – alle Werte sind gleich wichtig. Aber es heißt, dass *du persönlich* es weniger der Mühe wert findest, nach dem einen oder anderen Wert zu streben. Keine Sorge – du *kannst* gar nicht alle Werte gleich wichtig finden. Denn dann könntest du niemals Entscheidungen treffen und du würdest auch nicht mehr schlafen können, weil du *alle* Werte gleichermaßen erstrebenswert findest." Du siehst: Du kannst dich entspannen. Es ist gut, Entscheidungen zu treffen. Gott hat dafür gesorgt, dass wir miteinander der ganzen Bandbreite von Werten nachstreben. Er ist Gott. Du bist es nicht. Und das gibt dir Luft zum Atmen.

GRATIS ONLINETEST

Auf der englischsprachigen Internetseite www.viacharacter.org kannst du einen Gratistest machen. Wenn du den Fragebogen ausfüllst, siehst du am Ende eine Rangfolge deiner Persönlichkeitsmerkmale: von denen, die am ehesten zu dir passen, bis hin zu denen, die am wenigsten zu dir passen. Diese Webseite unterscheidet zwischen sechs Tugenden, mit denen diese Eigenschaften verbunden sind. Wenn du diesen Test machst, siehst du also sofort, welche Tugenden in deiner Persönlichkeit am stärksten vorhanden sind.

Das sind die sechs Tugenden und die vierundzwanzig Eigenschaften, die die Internetseite unterscheidet (frei aus dem Englischen übersetzt):[11]

Weisheit *(Handeln aus Einsicht und Verstand)*

Die Eigenschaften, die dir helfen, weise zu sein und Weisheit zu entwickeln, sind Kreativität, Neugier, eine offene Haltung, Lernbereitschaft und die Fähigkeit, wohlüberlegte Entscheidungen zu treffen.

Mut *(Fähigkeit, Schwierigkeiten durchzustehen)*

Die Eigenschaften, die dir helfen, Mut zu zeigen und zu entwickeln, sind Beharrlichkeit, Integrität, Energie und Courage.

Mitmenschlichkeit
(anderen mit Milde und Sanftmut begegnen)

Die Eigenschaften, die dir helfen, mitmenschlich zu sein oder Mitmenschlichkeit zu entwickeln, sind Liebe, Freundlichkeit und soziale Intelligenz.

Gerechtigkeit
(was ehrlich ist und rechtschaffen)

Die Eigenschaften, die dir helfen, gerecht zu sein oder zu handeln, sind Loyalität, Ehrlichkeit und Führungsqualitäten bzw. Leitungsfähigkeit.

Selbstbeherrschung
(die eigenen Gefühle im Zaum halten)

Die Eigenschaften, die dir helfen, beherrscht zu sein oder Selbstbeherrschung zu entwickeln, sind Vergebungsbereitschaft, Bescheidenheit, Vorsicht und Besonnenheit.

Spiritualität
(Erfahrung außerhalb unserer Wissensgrenzen)

Die Eigenschaften, die dir helfen, eine spirituelle Haltung zu entwickeln, sind Wertschätzung für Schönheit oder hübsche Dinge, Dankbarkeit, Hoffnung, Humor und ein gewisses Maß an Verspieltheit.[12]

ÜBUNG

Erinnere dich kurz an einen Augenblick in deinem Leben, in dem du wirklich für etwas gekämpft hast. Einen Moment, in dem es deiner Meinung nach wirklich darauf ankam, wie du gehandelt hast. Beschreibe zuerst die Situation. Was machte diese Situation so besonders, dass du Zeit und Energie in sie investiert hast?

UNIVERSELLE WERTE

Der polnisch-amerikanische Psychologe Milton Rokeach entwickelte den *Rokeach Value Survey*, eine großangelegte Werte-Untersuchung. Er unterschied zwischen zwei Arten von universellen Werten: *Endwerte* und *instrumentelle Werte*. Endwerte sind Werte, die ausdrücken, welchen „Endzustand" du für dich selbst und andere anstrebst. Wenn du auf dem Sterbebett liegst, wäre es dir am liebsten, wenn die Welt so aussähe, wie es dem Standard dieser Werte entspräche. Einige Beispiele für Endwerte sind nach Rokeach Wohlstand, Gesundheit, Freiheit, Gleichheit, Frieden, Anerkennung und das Führen eines sinnvollen Lebens.

Instrumentelle Werte sind die „Instrumente", die du einsetzt, um diesen Zustand zu erreichen, also Verhaltensmuster oder Methoden. Rokeach unterscheidet achtzehn Endwerte und achtzehn instrumentelle Werte.[13] Einige Beispiele für instrumentelle Werte sind nach Rokeach Selbstentfaltung, Unabhängigkeit, Selbständigkeit, Selbstbeherrschung, Disziplin, Freundlichkeit, Ehrgeiz, Zielgerichtetheit und Hilfsbereitschaft.

Du kannst dir vorstellen, dass es viele verschiedene Weisen gibt, deine „Endwerte" zu verfolgen. Jemand, der nach Wohlstand strebt, tut dies, indem er viel Disziplin und Ehrgeiz ausbildet. Aber er könnte Wohlstand auch durch Selbstbeherrschung und Zielgerichtetheit erreichen.

ÜBUNG

Entscheide dich für einen der Endwerte aus der Rokeach-Werte-Untersuchung. Wie sähe dein Leben aus, wenn du viel mehr nach diesem Wert streben würdest? Welche instrumentellen Werte würdest du einsetzen, um dieses Ziel zu erreichen?

ICH KANN NICHT ALLEN ERWARTUNGEN GENÜGEN

Ich habe ziemlich oft das Gefühl, zu versagen. Als Mutter, als Frau, als Nachbarin, als Freundin, als Familienmitglied, als Kirchenmitglied, als Kollegin und Arbeitnehmerin. Dabei ist es ja nicht so, dass ich nicht mein Bestes gebe. Und es ist nicht gerade so, dass ich nichts kann. Und an Selbstvertrauen mangelt es mir auch nicht. Nein, das alles ist es nicht. Aber irgendwie werde ich dennoch das Gefühl nicht los, nicht zu genügen. Und das gefällt mir ganz und gar nicht.

Wir leben in einer Zeit, in der scheinbar alles machbar ist. In der du alles kaufen kannst. Wenn du nur dein Bestes gibst. Wenn du nur schnell genug bist. Noch etwas mehr, noch etwas besser. Geld ist zu verdienen. Liebe ist zu kaufen. Krankheit ist zu besiegen. So wird es uns jeden Tag in unserer Gesellschaft und Kultur vorgegaukelt, unterstützt durch Bilder, Lieder, Reklame und Realityshows. So muss das Leben sein, so ist es großartig. Alles ist möglich.

Es ist nie genug

Alles ist möglich? Nein, das ist es nicht. Ich kann nicht alles möglich machen. Ich kann es nicht, leider. Freunde, die krank sind, wohnen zu weit weg, um mal eben einen Teller Suppe vorbeizubringen. Eine Mutter hat einen Unfall und ihre drei Kinder müssen versorgt werden. Das geht über meine Kraft. Und ich habe keine passenden Worte für Freunde, die geliebte Menschen verloren haben, oder für eine Freundin, deren Kind gestorben ist. Ich habe nicht genug Zeit für Besuche bei Gemeindegliedern, die das so bitter nötig hätten. Und nicht genug Budget, um an meiner Arbeitsstelle das Unmögliche möglich zu machen. Unter diesem Gefühl, nie zu genügen, leide ich sehr.

Streitbare Helden

Trotzdem kommt es mir so vor, als müsste ich die Welt retten. Oft entdecke ich in mir selbst etwas von Gideon wieder. Das Alte Testament berichtet, wie Gideon in ständiger Angst vor den Midianitern leben muss. Heimlich drischt er Weizen in einer Weinkelter, damit die Midianiter es nicht mitbekommen und ihn stehlen. Gideon tut, was er kann, aber es ist nicht genug. Seine Familie hat Hunger, seine Freunde leiden. Da besucht ihn Gott und sagt:

„Der Herr ist mit dir, du streitbarer Held!" Gideons Reaktion, die darauf folgt, kann ich so gut nachvollziehen: „Ist der Herr mit uns, warum ist uns dann das alles widerfahren? Und wo sind alle seine Wunder?"

Ich war doch schon mutig genug

Er sagt nicht: „Wie kommst Du darauf, dass ich ein streitbarer Held bin? Was ich mache, ist nur ein Tropfen auf den heißen Stein." Nein, er steigt ein in eine Diskussion mit Gott. Und Gott? Der wird über Gideons Frage nicht böse. Er sagt nur: „Geh hin in dieser deiner Kraft; du sollst Israel erretten."
Hahaha, muss Gideon sich gedacht haben. *Ich war schon stolz auf mich, weil ich es geschafft habe, meinen Weizen heimlich zu dreschen, ohne dass die Midianiter es mitbekommen haben. Und nun soll ich Israel erretten?* Aber der Herr antwortet: „Das kannst du, weil ich dir beistehe."

Herr, vergib mir

Unsere Gesellschaft tut sich mit schwierigen und leidvollen Situationen sehr schwer. Die meisten Menschen erkennen keinen Sinn im Leiden. Auch als Christin verstehe ich oft nicht, warum Gott Leid zulässt. Er bleibt mir unergründlich. Kann ich damit leben, mit den ungelösten Fragen? Und was mach ich mit dem Gefühl, nicht zu genügen, nichts in dieser Welt verändern zu können? Während ich das schreibe, fällt mein Auge auf das 8. Kapitel des Römerbriefes, das für uns alle eine Ermutigung darstellt. Und ich höre Gott sagen: „Du kannst es, weil ich dir beistehe!" Ich brauche es nicht allein zu tun – meinen Teil dazu beizutragen, dass die Welt zu einem besseren Ort wird. Ich kann es auch gar nicht allein. Herr, vergib mir meinen Hochmut.

„Denn wir wissen, dass die ganze Schöpfung bis zu diesem Augenblick seufzt und in Wehen liegt. Nicht allein aber sie, sondern auch wir selbst, die wir den Geist als Erstlingsgabe haben, seufzen in uns selbst und sehnen uns nach der Kindschaft, der Erlösung unseres Leibes. Denn wir sind gerettet auf Hoffnung hin. Die Hoffnung aber, die man sieht, ist nicht Hoffnung; denn wie kann man auf das hoffen, was man sieht? Wenn wir aber auf das hoffen, was wir nicht sehen, so warten wir darauf in Geduld.

Desgleichen hilft auch der Geist unsrer Schwachheit auf. Denn wir wissen nicht, was wir beten sollen, wie sich's gebührt, sondern der Geist selbst tritt für uns ein mit unaussprechlichem Seufzen. Der aber die Herzen erforscht, der weiß, worauf der Sinn des Geistes gerichtet ist; denn er tritt für die Heiligen ein, wie Gott es will." (Römer 8,22-27)

FÜLLE DEINE IDENTITÄT MIT LEBENSSPENDENDEM

Jesus lebte dreiunddreißig Jahre auf der Erde. Er begann sein Wirken, als er ungefähr dreißig Jahre alt war, und starb drei Jahre später am Kreuz. Was für eine Verschwendung, könnte man sagen: Da ist der Sohn Gottes endlich auf der Erde und dann wirkt er nur drei Jahre lang! Wir lesen auch, dass Jesus sich in diesen drei Jahren regelmäßig zurückgezogen und sich Zeit genommen hat, um mit seinem Vater im Himmel zu sprechen. Das ist eigentlich total erstaunlich. Wenn ich mir das Leid in der Welt betrachte, dann habe ich oft das überwältigende Gefühl, ich müsste eigentlich Tag und Nacht arbeiten, um etwas dagegen zu unternehmen. Da bleibt doch eigentlich keine Zeit, um sich zurückzuziehen, oder? Aber Jesus hat seine Zeit auf der Erde nicht ausschließlich dem „Zusammenflicken" dieser Welt gewidmet oder dem Aufkleben von Pflastern. Er hat auch keinen neuen Himmel und keine neue Erde gebracht. Er wusste, worum es wirklich ging: Seinem Vater nahe zu sein. Indem er ganz eng mit seinem Vater verbunden blieb, hat er die Kraft bekommen, das zu tun, was wirklich nötig war: die alte Natur der Schöpfung zu durchbrechen.

Stell dir deine Identität mal für einen Moment wie eine Teetasse vor. Auf den vorangegangenen Seiten hast du gelesen, dass deine Identität im Grunde aus zwei Zutaten bzw. Gefäßen besteht: deinem Charakter und deinen Werten. Dein Lebensgefäß / deine Tasse ist aus dem schönsten Porzellan hergestellt worden, denn du hast es von deinem himmlischen Vater bekommen. Die Frage ist nun, womit du deine Tasse füllen lässt.

Hast du schon einmal Tee getrunken, der mit Teeperlen hergestellt wurde? Das ist ein sehr kostbarer Tee und es dauert lange, bis er gut durchgezogen ist. Zu Beginn ist die handgefertigte „Teeperle" noch unscheinbar und klein, doch wenn du der Perle genügend Zeit gibst, dann entfaltet sich eine prächtige Blüte. Dazu braucht es nur viel klares, heißes Wasser, mit dem die Tasse, in der die Teeperle liegt, aufgefüllt wird. Dieses Wasser ist durchscheinend und reinigend und lässt erkennen, wie schön sich die Blüte nach und nach entfaltet.

Das ist für mich eine passende Metapher für folgende Erkenntnis: Manchmal braucht es nur etwas sehr Kleines, um den Teil deiner Identität, der noch formbar ist, zu füllen. Ein gutes Gespräch mit einem lieben Freund oder einer lieben Freundin, ein kurzes Gebet, eine stille Stunde in der Sonne. Gib dir und dem, was in dir steckt, etwas Zeit ... dann entfaltet sich nach und nach eine prachtvolle Blüte, die ein herrliches Aroma verströmt!

FRAGE ZUM NACHDENKEN

Wie sorgst du dafür, dass dir die Kraft zuwächst, um das zu tun, was wirklich nötig ist? Wer oder was ist deine Teeperle? Wer oder was ist dein heißes, reinigendes Teewasser?

BIBELSTUDIUM

Zeiteinsatz: 15–30 Minuten
Benötigt: ein ruhiger Ort, an dem du laut in deiner Bibel lesen kannst

Die Lectio Divina ist eine meditative Art des Textlesens. Bei dieser Leseweise geht es darum, dass du den Text zu deinem Herzen sprechen lässt. Möchtest du das „Gefäß" deiner Identität, das die Werte beherbergt, mit biblischen Wahrheiten füllen lassen, dann ist die Lectio Divina bestimmt etwas für dich. Probiere sie einfach mal aus.

Lies den unten abgedruckten Text oder nimm dir deine Bibel und fange schon bei Johannes 10,1 an zu lesen.

Ich bin die Tür; wenn jemand durch mich hineingeht, wird er selig werden und wird ein und aus gehen und Weide finden. Ein Dieb kommt nur, um zu stehlen, zu schlachten und umzubringen. Ich bin gekommen, damit sie das Leben haben und volle Genüge. (Johannes 10,9-10)

Gehe auf folgende Weise vor:

Aufmerksam lesen

Lies den Text ganz langsam, am besten laut. Auf diese Weise nimmst du die Worte wirklich in den Mund und schmeckst sie. Lies weiter, bis du auf ein Wort oder einen Satz stößt, bei dem du etwas länger verweilen möchtest. Das kann schon sehr bald im Text sein, es kann aber auch etwas länger dauern.

Schließe deine Augen und sage das Wort oder den Satz, das oder der dich berührt, ein paar Mal laut vor dich hin. Wiederhole es oder ihn immer wieder. Kaue wirklich auf dem Text herum.

Tipp: Lege die Betonung jedes Mal auf ein anderes Wort in dem Satz, den du wiederholen möchtest. Zum Beispiel: *Ich* bin die Tür, ich *bin* die Tür, ich bin *die* Tür, ich bin die *Tür*. So bekommt jedes Wort seine eigene Aufmerksamkeit geschenkt.

Meditieren

Lass den Text dich persönlich bewegen. Frage dich, wo dieser Text dein Leben oder das von anderen berührt. Was spricht dich an dem Text an? Warum berührt es dich? Was kann das in deinem Kontext, in deinem Umfeld bedeuten?

Beten

Drücke dein Gefühl Gott gegenüber in Worten aus. Stelle ihm Fragen, erzähle ihm, welche Emotionen der Text in dir wachruft, suche, danke, klage oder sprich deine Sehnsucht aus.

Anschauen

Sei still vor dem Angesicht Gottes. Schaue auf ihn und lass dich anschauen. Konzentriere dich auf Gottes Liebe, seine Weisheit und seinen Segen und lass dich davon erfüllen.

Ich persönlich empfand es als eine Erleichterung zu erfahren, dass die vier Phasen der „zunehmenden Vertiefung" nicht immer unbedingt durchlaufen werden. Will Derkse schreibt in seinem Buch *Een levensregel voor beginners:* „Oft geht es einfach darum, einen Abschnitt ausdauernd zu lesen und zu meditieren. Das sind auch die einzigen beiden Phasen, in denen man selbst etwas tun kann. Ob ein Wort oder ein Ausdruck einen dann tatsächlich so anspricht, dass man von Herzen eine Antwort geben kann, das bleibt abzuwarten."[14]

MEIN KÖRPER IST AM ENDE, ABER WER ICH BIN, IST UNVERÄNDERT

Martine nimmt an dem Workshop „Your cup of TEA" im Liegen teil. Ich weiß nicht genau, was ihr fehlt, außer dass sie den allergrößten Teil des Tages liegend verbringen muss. Was mir vor allem an ihr auffällt, sind ihr warmherziges Lachen und ihre lebenslustigen roten Wangen. Was für eine Frau! Sie strahlt aus, dass sie sich nicht so einfach unterkriegen lässt. Aber wie kann sie – unter diesen Umständen – ihre Gaben und Talente zur Ehre Gottes und zur Hilfe für andere einsetzen? Zum Glück ist sie zu einem Interview bereit.

„Ich habe gerade zu Gott gebetet, dass ich eine Ermutigung für andere sein kann und darf!"

Martine ist körperlich gebrochen – sie muss 22 Stunden am Tag liegen –, aber geistlich ist sie kräftiger und stärker als jemals zuvor.
„Ezra ist neun und Lynne ist sieben. Während meiner Schwangerschaften hatte ich Beschwerden in meinem Becken. Nach den Geburten hat sich das immer wieder gegeben. Während meiner dritten Schwangerschaft ist es schiefgegangen. Das Baby in meinem Bauch hatte offensichtlich eine Erkrankung, wegen der es außerhalb der Gebärmutter nicht lange lebensfähig war. Ich habe erst einmal auf den Überlebensmodus umgeschaltet und nicht auf meinen Körper gehört. Im Krankenhaus haben sie auf mich eingeredet, dass ich das Kind abtreiben lassen sollte. Aber ich konnte und wollte nicht entscheiden, in welchem Augenblick unser Luca zu seinem himmlischen Vater gehen sollte. Nach 24 Wochen war der Termin verstrichen, bis zu dem eine Abtreibung hätte stattfinden können, und ich konnte das Baby in meinem Bauch genießen. Trotz der Umstände. Luca wurde

schließlich in der 39. Woche geboren. Er lebte achtzehn Stunden lang, die wir sehr genossen haben. Diese Zeit war ruhig, besonders und sehr kostbar."

Unbeschreiblich

„Innerhalb eines Jahres war ich wieder schwanger. Diese Schwangerschaft endete mit einer Fehlgeburt. Einige Zeit danach wurde ich mit Jefta schwanger. Während der Schwangerschaft bekam ich eine Infektion an meiner Plazenta, wodurch vorzeitige Wehen einsetzten. Jefta ist dann während der Geburt gestorben. Was mir danach durch den Kopf gegangen ist, kann ich nicht beschreiben. Eigentlich möchtest du schreien: Nie wieder! Wir wussten, was uns bevorstand und was es uns abverlangen würde, Abschied von unserem Kind zu nehmen."

Willenskraft

„Ich habe mich später manchmal gefragt, ob es wirklich so gut gewesen ist, danach noch einmal schwanger zu werden. Der Frauenarzt allerdings sah nichts, das dagegen gesprochen hätte. Damals wusste ich noch nicht, dass sich meine Schambeinfuge überdehnt hatte. Wenn allerdings seinerzeit ein Ultraschallfoto gemacht worden wäre, hätte man es entdeckt. Doch hinterher lässt sich leicht reden. Während ich mit unserer Veerle schwanger war, habe ich meine Schwangerschaft größtenteils auf dem Sofa verbracht. Seit der vierten Woche. Ich habe erst noch versucht zu arbeiten. Aber während der zwölften Schwangerschaftswoche hat mein Körper gestreikt. Danach ist es nie wieder gut geworden. Nach meiner Schwangerschaft habe ich Übungen gemacht und habe sogar wieder versucht zu arbeiten. Bis ich einfach umgefallen bin. Es ging gar nichts mehr. Ich habe achtzehn bis zwanzig Stunden im Bett gelegen. Ich habe Spritzen ins Steißbein und in meine Iliosakralgelenke bekommen, ich habe versucht, gegen den Schmerz anzugehen und ihn wegzutrainieren. Ich habe gedacht: Ich schaffe das! Aber es ging nicht. Ich wurde operiert, um das Becken vollständig zu fixieren. Nach einem halben Jahr hätte ich wieder viel mobiler sein sollen. Aber meine Situation hat sich durch verschiedene Komplikationen leider verschlechtert, so sehr, dass ich jetzt 22 Stunden pro Tag auf dem Bett liege."

Unverändert

„Das Besondere ist, dass ich kein anderer Mensch geworden bin. Ich bin immer noch Martine. Die Frau, die gerne lacht, redet und total begeistert sein kann. Um sieben Uhr morgens liege ich im Wohnzimmer und treibe die Meute an. Genau wie zu der Zeit, als ich noch nicht liegen musste. Wenn die Kinder etwas verloren haben, dann wissen sie, dass sie es rund um mein Bett suchen müssen. Ich bin immer noch kreativ, sowohl ganz praktisch als auch in meinem Kopf. Ich schreibe Bekannten gerne anonyme Kärtchen, um sie zu ermutigen. Damit sie merken, dass sie gesehen werden, dass Gott sie sieht. Jetzt, seit ich auf dem Bett liege, habe ich vielleicht sogar noch viel mehr Möglichkeiten, im Stillen andere Menschen zu segnen. Ich muss mich nicht in den Vordergrund drängen."

Gottesgeschenk

„Ich kann allein deshalb jeden neuen Tag bestehen, weil Gott mir das schenkt. Unser Trauspruch ist: ‚Sorge dich nicht um den morgigen Tag.' Ich hätte im Voraus nicht ahnen können, dass dieser Text jeden Tag wieder aufs Neue aktuell sein wird. In der Zeit, in der wir Luca und Jefta bekommen haben, und auch heute noch. Wir müssen bewusst das Leben und den Tag in Gottes Hand legen, denn ich selbst kann kaum etwas tun. Oft mache ich mir darüber Sorgen, ob es mir jemals wieder besser gehen wird und ob ich eines Tages wieder selbständig etwas mit den Kindern unternehmen kann. Aber das macht mich auf Dauer zu traurig. Ich will einfach *jetzt* meine Familie genießen und im Hier und Heute leben."

Energie

„Ich muss meine Energiereserven sehr sorgfältig einteilen. Dadurch genieße ich das Leben vielleicht noch mehr als in der Zeit, in der ich noch nicht ans Bett gefesselt war. Ich schaue dabei auch sehr bewusst darauf, was meine Kinder brauchen. Für Lynne und Veerle ist es z. B. wichtig, dass ich ab und zu mit meinem Elektromobil vor der Schule stehe, dafür spare ich mir manchmal die Energie zusammen. Und für Ezra ist im Augenblick die Zeit auf meinem Bett sehr kostbar."

Herausforderung

„*Nein* ist für mich kein abschließendes Urteil, sondern eine Herausforderung. Ich suche immer wieder nach Möglichkeiten, was ich vielleicht doch noch tun kann. Als ich mein Elektromobil bekommen habe, bin ich z. B. mit Lynne, einer Thermosflasche mit Tee und ein paar leckeren Plätzchen in den Park gefahren. Und in diesem Sommer konnten wir sogar Urlaub machen. Wir haben ein Zelthaus gemietet mit einem Bett im Wohnzimmer und ich bekam dort vor Ort Krankenpflege. Ich bin sehr dankbar, dass das so gut geklappt hat. Ich merke auch, dass die Kinder unsere Situation sehr pragmatisch betrachten. Als ich sie gefragt habe, was sie in der Vergangenheit am schlimmsten fanden, hat Ezra gesagt: ‚Ich fand es zum Kotzen, als du deine Haare gefärbt hast. Das Bett finde ich eigentlich ziemlich praktisch, jetzt haben wir mehr Zeit zum Schmusen und wir können am Samstagmorgen auf dem Bett fernsehen.' Lynne hingegen hat gesagt: ‚Dass du ein bisschen streng bist, genau wie davor.' Ich bin für sie immer noch dieselbe Mama."

Vertrauen

„Ist das für mich nicht alles sehr schwierig? Ja, doch, natürlich. Ich kann nichts mehr alleine tun, ich habe kein Privatleben mehr. Selbst wenn ich mir z. B. die Beine rasieren will – was ich gerade im Sommer schön finde –, muss ich dafür um Hilfe bitten. Ich frage Gott schon: ‚Was ist der Sinn von dem allen, Herr?' Gleichzeitig finde ich die Frage komisch, weil es sich so anfühlt, als würde ich Gott nicht vertrauen. Manchmal weiß ich einfach nicht, wozu Leiden gut ist, aber das heißt nicht, dass es keinen Sinn hat. Vielleicht darf ich, ohne es zu wissen, andere ermutigen. Und vielleicht werden die Qualitäten, die ich von Gott bekomme, auf eine Weise gebraucht, die ich mir selbst nicht hätte ausdenken können. Letztendlich bin ich Gott dankbar, dass ich bin, wie ich bin, und dass ich das Leben genießen kann trotz der Umstände. Das Leben ist so schön! Gott hat mich mit einem Charakter geschaffen, der mir hilft, das alles zu ertragen. Ohne Gott könnte ich das nicht."

MARTINES CUP OF TEA

- ermutigende Kärtchen an andere schreiben und anonym verschicken
- bei der Erziehung kreativ sein und ein offenes Ohr für ihre Kinder behalten
- das Glas als halbvoll und nicht als halbleer betrachten
- flexibel denken / umdenken

1.6 KONTEXT

Unsere Persönlichkeit und unsere Werte kommen in einem bestimmten Kontext zum Ausdruck. Der Gast, der mit seinen Schuhen das Wohnzimmer betritt, in dem du gerade den neuen weißen Teppich verlegt hast ... das Sofa, auf dem die Kinder toben: Beides sind Kontexte, die – unabhängig von deinem Wertesystem – ein bestimmtes Verhalten oder eine bestimmte Kommunikation erfordern. Die Situation bewirkt, dass einer deiner Werte zum Ausdruck kommt. Deine Persönlichkeit hingegen bestimmt, wie du handelst.

"DESWEGEN IST JESUS AUF DIE ERDE GEKOMMEN!"

Gerade hast du die Geschichte einer Martine gelesen – eine Mutter, die zweiundzwanzig Stunden am Tag liegen muss. Ihr Kontext ist ihr Bett mitten im Wohnzimmer. 22 Stunden am Tag. Das Gespräch mit ihr hat mich sehr berührt. Weißt du, warum? Nicht *ein* Mal hat sie gesagt, dass sie das Gefühl hat zu versagen. Nicht *ein* Mal hat sie erkennen lassen, dass sie sich nicht wertvoll fühlt. Stattdessen hat sie gesagt: Mein Kontext hat sich zwar sehr verändert, aber ich habe mich nicht verändert.

Wenn du mit deinem Talent und mit deiner Identität anderen dienen möchtest, dann musst du verstehen, welcher Kontext dir gegeben wurde. Für jemanden wie mich ist die Begegnung mit einer Frau wie Martine geradezu eine Offenbarung. Ich merke: Man kann auch Freude am Leben haben, wenn man nicht die ganze Welt rettet. Mehr noch, wir *können* die Welt gar nicht retten. Deswegen ist Jesus auf die Erde gekommen!

ÜBUNG

Manchmal denke ich, dass sich die Welt ohne mich nicht weiterdreht. Wenn ich einen Aufruf zum Helfen höre (den ich mir manchmal auch nur einbilde), möchte ich sofort darauf reagieren. Doch eine kleine Übung hat mir geholfen, einen Augenblick innezuhalten und die Situation bewusster wahrzunehmen. Ich spreche den Satz „Werde ich jetzt wirklich gebraucht?" ein paar Mal mit jeweils unterschiedlicher Betonung aus:

WERDE ICH JETZT WIRKLICH GEBRAUCHT?
WERDE ICH JETZT WIRKLICH GEBRAUCHT?
WERDE ICH JETZT WIRKLICH GEBRAUCHT?

Es geht bei dieser Übung nicht in erster Linie darum, dass du versuchst, die Bedürfnisse von anderen besser kennenzulernen (was natürlich auch wichtig ist), sondern dass du selbst so objektiv wie möglich herauszufinden versuchst, ob *du* in dieser Situation die richtige Person bist, die handeln sollte. Du musst nicht bei allem dabei sein. Du darfst dir Räume schaffen, in denen du selbst die Regie übernimmst und bestimmst, was du an diesem Tag tun möchtest. Unsere reizüberflutete Umgebung macht das manchmal furchtbar schwierig.

EIN KONTEXT, DER ZU DIR PASST

Ich kannte einmal eine ältere Dame, die bis zu ihrem Tod für jedes Baby, das in ihrer Gemeinde geboren wurde, ein Taufkleidchen gehäkelt hat. Wenn du schwanger warst, konntest du dir sicher sein, dass sie eines Tages angerufen und gefragt hat, wann du das Kleidchen abholen möchtest. Wenn es bereits das zweite oder dritte Kind war, dann bist du gefragt worden, welche Farbe das Kleidchen haben solle. Wenn du sie besucht hast, um das Kleidchen abzuholen, stand jedes Mal schon der Kaffee und ein Stück Kuchen bereit (und bei der zweiten Kaffeerunde gab es auch noch ein Stück Schokolade dazu). Voller Stolz hat die alte Dame ihren Besuchern ihre kleine Wohnung gezeigt, auch den Platz, an dem sie jeden Abend für alle schwangeren Frauen in der Gemeinde gebetet hat. Und wenn man sich wieder verabschiedete, wurde man noch gefragt, wer denn in der Gemeinde gerade ebenfalls schwanger sei …

GOTT IST EIN SCHENKENDER. ER HAT NICHTS ZU SCHENKEN ALS SICH SELBST.

– C. S. Lewis

Einmal habe ich die alte Dame an einem Wintertag bei Eisglätte in der Stadt getroffen, wo sie mit ihrem Rollator unterwegs war. Sie sagte mir: „Ach, liebes Kind, ich muss doch mit meiner Arbeit weitermachen. Letzte Woche war es wirklich zu glatt, aber jetzt ruft die Wolle wieder!" So sprach keine Frau, die nur ungern und gezwungen ihrer Arbeit nachgeht. Hier sprach eine Frau, die mit Leidenschaft und einem Glänzen in den Augen ihrer Berufung folgt. Diese Frau ist für mich ein Vorbild dafür geworden, was es bedeutet, auf den Ruf zu hören, den Gott für dich hat. Wenn du alt und krank bist, kannst du dir den bestmöglichen Kontext nicht immer aussuchen. Aber wenn du weißt, was deine Talente sind (im Fall dieser Dame war es z. B. das Häkeln und ihre Großzügigkeit und Gastfreundschaft) und wie du den anderen damit dienen kannst (z. B. ein Taufkleidchen machen und andere zum Kaffee einladen), kannst du sehr wohl nach Möglichkeiten suchen, um „den Kontext zu dir zu holen". Oder du kannst Gott bitten, dich für das zu befähigen, wozu er dich einlädt.

ÜBUNG

Stell dir vor, du würdest dich in einem ganz anderen Umfeld, in einem ganz anderen Kontext befinden. Lass uns für diese Übung einmal davon ausgehen, du würdest auf die andere Seite der Welt auswandern. Allein. Beschreibe doch einmal, wie du dort versuchst, deinem Leben Form zu geben. Versuche, das so konkret wie möglich zu machen.

Was wäre das Erste, was du dort tun würdest? Suchst du andere Menschen auf? Richtest du dir dein Haus ein? Meldest du dich bei einem Sportverein an? Gehst du spazieren, um die Gegend kennenzulernen? Was sorgt dafür, dass du für dich selbst einen Kontext kreierst, in dem du dich wohlfühlst und deine Talente ausleben kannst – dort in dem fernen Land, in dem du niemanden kennst?

Kleiner Tipp: Die Gefahr bei dieser Übung besteht darin, dass du dir das Leben so erträumen kannst, wie du es gerne hättest. Aber so ist es natürlich nicht. Es geht also nicht darum, dass du im Anschluss an diese Übung versuchst, deinen „gewünschten Kontext" unter allen Umständen durchzusetzen. Die Übung kann dir aber zeigen, was dir Freude bereitet und dir hilft, deine Identität zu entfalten.

1.7 ENERGIE

Das Großartige am Talent ist, dass es dir so natürlich von der Hand geht. Für dich fühlt es sich an, als würde es dir keine Mühe bereiten, während andere für dasselbe Verhalten oder dieselbe Handlung viel mehr Energie aufbringen müssen. So, wie die alte Dame mit ihrem Rollator bei Kälte und Eis einen weiten Weg lief, um Wolle für das Taufkleidchen zu besorgen, das sie häkeln wollte. Oder der kostbare Moment, in dem Martine ihre Tochter auf ihrem Elektromobil mit in den Park nehmen konnte.

ENERGIESTRÖME

Vergleiche das mit der Energie, die durch eine Stromleitung fließt: Wenn den Elektronen kein Widerstand entgegengesetzt wird, fließen sie in hohem Tempo und ungehindert durch die Stromleitung. Wird jedoch ein Widerstand eingebaut, dann kann die Energie erst einmal nicht weiter fließen. Das ist vergleichbar mit einer Nummer, die du ziehen musst, wenn beim Bäcker viel los ist und du dich nicht vordrängen willst. Das ist ein „Widerstand", der bewusst eingebaut wird, damit der Bäcker nicht ständig wütende Kunden vor sich hat.

Wie ist es mit dir – arbeitest und lebst du aus dem heraus, was dir leicht von der Hand geht? Dann erfährst du *in dir selbst* wenige Blockaden, die dich daran hindern, das zu tun, was du tun musst. Oder machst du regelmäßig Dinge, die nicht zu deiner Persönlichkeit passen, bzw. übst du diese Handlungen in einem Kontext aus, der nicht zu deiner Identität passt? Dann häuft sich überschüssige Energie in deinem Körper an, die nicht abfließen kann, und das führt zur Frustration. Du erfährst *internen Widerstand*.

WIDERSTAND UMARMEN

In vielen technischen Apparaten brauchen wir einen Widerstand, der dafür sorgt, dass nicht zu viel Spannung auf dem Gerät liegt. Der Widerstand sorgt für einen Spannungsverlust. Er bremst die Energie ab und verhindert, dass in dem Apparat ein Kurzschluss entsteht oder das Gerät überhitzt und explodiert.

Funktioniert das bei Menschen nicht auch so? Zu viel des Guten geht letztlich auf Kosten von dir selbst und deiner Umgebung. Es kann daher nötig und gut sein, ein bestimmtes Maß an Widerstand zu „umarmen". Das gilt allerdings in erster Linie für den Widerstand, der von außen kommt, also den *externen Widerstand*. Frage dich selbst einmal: Erfährst du Widerstand wegen Dingen, die nicht zu deiner Persönlichkeit passen *(interner Widerstand)*? Oder erfährst du Widerstand, weil dir deine Umgebung „Halt!" zuruft *(externer Widerstand)*? Beide Arten von Widerständen geben dir Signale, auf die du in irgendeiner Weise reagieren musst.

NIE MEHR INTERNER WIDERSTAND?

Darfst du also von jetzt an allen Situationen aus dem Weg gehen, die für einen internen Widerstand sorgen? Brauchst du also nie mehr Dinge zu tun, die nicht zu deiner Identität passen? Nein, denn wir alle tragen auch Verantwortung und befinden uns mitunter in Kontexten, die für uns nicht ideal sind. Die Kunst besteht allerdings darin, zu entdecken, wie du in dem Kontext, der dir gegeben ist, tun kannst, was du tun musst. Oder, so wie die Haptotherapeutin Wilma Tigchelaar es in ihrem Interview beschrieben hat: wie du eine bewusste Entscheidung dafür treffen kannst, das zu tun, was du tun musst, und den Widerstand, den du dabei erlebst, verarbeiten kannst.

AUFGABE: GOLDENER RING

Der Widerstand, der durch Elektriker am häufigsten eingebaut wird, ist der Widerstand von 5 Prozent. Dieser Widerstand ist mit einem goldenen Ring (als Farbcode) gekennzeichnet. Die Aufgabe für dich besteht nun darin: Gib jemandem, der dir lieb ist, einen goldfarbenen Ring und bitte ihn oder sie, dir diesen Ring wieder zurückzugeben, sobald sich abzeichnet, dass du ein wenig „Widerstand" gebrauchen könntest. Das ist eine leicht humorvolle und sanfte Weise, mit der du sicherstellen kannst, dass du keinen „Kurzschluss" erleidest, weil du zu viel des Guten durch dich hindurchströmen lassen willst.

ÜBUNG: ENERGIELABEL

Haushaltsgeräte werden ja schon länger mit einem Energielabel gekennzeichnet. Dieses Label gibt an, wie viel Energie der Apparat verbraucht. Das grüne Label A+++ zeigt an, dass das Gerät sehr sparsam ist und nur wenig Energie verbraucht. Die rote D-Kategorie kennzeichnet dagegen Energiefresser.

Fertige einmal für alles, was du während der 24 Stunden eines Tages tust, eine Energiekennzeichnung an. Ja, für 24 Stunden, also auch für die Zeit, in der du schläfst! (Für mich selbst war das ein Augenöffner: Ich schlafe gut, aber nur relativ wenig. Ist das schlimm? Vielleicht brauche ich nur wenig Schlaf, vielleicht lauge ich so aber auch nach und nach meinen Körper aus. Es lohnt sich auf jeden Fall, dass ich darüber nachdenke ...) Markiere zunächst in dem Kreis, wie viel Zeit jede Aktivität durchschnittlich benötigt, indem du von der Mitte aus gerade Linien zum Rand ziehst und damit kleinere oder größere „Tortenstücke" schaffst. Male dann die Tortenstücke mit den entsprechenden Farben aus dem Energielabel aus.

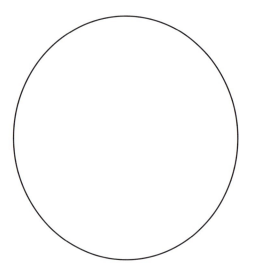

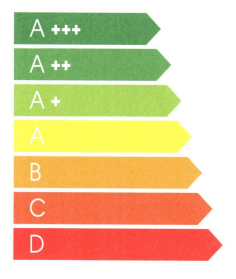

Fragen bei grünen Aktivitäten:

Warum kostet mich diese Aktivität so wenig Energie? Welche persönlichen Eigenschaften setze ich dabei ein? Passt diese Aktivität in den Kontext, in dem ich aus dem Vollen schöpfen kann, in dem ich mich wie ein Fisch im Wasser fühle? Wie kann ich öfter in eine „grüne Zone" hineinkommen?

Tipp: Bitte jemanden, der dich während einer „grünen Aktivität" beobachtet hat, dir zu berichten, was er an dir bemerkt hat. Was hast du getan oder was hast du gesagt, dass deine Energie auch die anderen Anwesenden erreichen bzw. anstecken konnte?

Fragen bei roten Aktivitäten:

Warum kostet mich diese Aktivität so viel Energie? Welche internen Widerstände erlebe ich? Kann ich die Situation „orange" werden lassen, indem ich meine stärkeren Eigenschaften bewusst einsetze? Wie notwendig ist es, dass ich diese Aktivität öfter ausübe?

Kann ich jemanden bitten, mir bei solchen Aufgaben einen externen Widerstand zu bieten?

ENERGIE-RECHNUNG

Wenn du dir einen neuen Stromanbieter suchst, kannst du vorher schnell kalkulieren, wie hoch deine Stromrechnung vermutlich sein wird: Wenn ich eine gewisse Menge an Strom verbrauche und mich die verbrauchte Einheit einen bestimmten Betrag kostet, dann setzt sich daraus die Rechnung zusammen, die ich hinterher bezahlen muss. So einfach und berechenbar funktioniert es in Beziehungen natürlich nicht. Du kannst aber trotzdem ab und zu darüber nachdenken, welchen guten Aktivitäten du nachgehen möchtest und ob du genügend Energie besitzt, um das zu tun. Wenn du ein persönliches Energielabel anfertigst, wirst du merken, dass du nicht alles tun kannst. Möchtest du deine Energie bewusst einsetzen, so musst du Entscheidungen treffen.

Wenn du eine Freundschaft aufbaust, sei es nun zu einer Einzelperson oder einer Gemeinschaft, kannst du nicht im Voraus berechnen: „Was kostet mich das jetzt ganz genau und was bekomme ich dafür zurück?" Du kannst auch nicht fünfzig Jahre später so etwas wie eine Kostenabrechnung machen und dann sagen: „Okay, jetzt weiß ich, was auf mich zukommt. Jetzt steige ich ein, das ist es mir wert." Du weißt nicht, was noch alles geschehen wird. Beziehungen sind und bleiben ein Abenteuer. – Frère Jasper, Taizé

IN ALLEN UMSTÄNDEN VOLLER FREUDE LEBEN

Martine Hartog (Lies auch das Interview mit Martine auf den Seiten 90-93)

Freuet euch in dem Herrn allewege und abermals sage ich: Freuet euch! Eure Güte lasst kund sein allen Menschen! Der Herr ist nahe! Sorgt euch um nichts, sondern in allen Dingen lasst eure Bitten in Gebet und Flehen mit Danksagung vor Gott kundwerden! (Philipper 4,4-6)

Freude ... Herr, weißt du denn, in welcher Situation ich mich befinde? Wie kann ich mit meinem Leben zufrieden sein, so, wie es jetzt ist? Wie kann ich mich allezeit freuen? Das scheint eine unmögliche Aufgabe zu sein. Gott, was erwartest du von mir?

Freude wird oft als ein positives Gefühl beschrieben, das freigesetzt wird, wenn eine Situation als angenehm und schön erlebt wird oder eine Sehnsucht erfüllt wurde. Unerfüllte Sehnsucht aber führt zu Bitterkeit. Wow ... heißt das dann, dass ich verbittert werde, wenn meine Sehnsüchte nicht sofort erfüllt werden? Doch ich kann schon allein dadurch Freude erfahren, dass ich Sehnsucht zulasse. Durch die Sehnsucht nach Gott z. B. darf ich jetzt schon ein wenig von seiner Freude erfahren. Und an dem Tag, an dem ich zu ihm gehe, wird meine Sehnsucht zutiefst erfüllt werden.

Sehne ich mich *wirklich* nach Jesus? Oder sehe ich nur die Steine auf dem Weg, die auf dem Pfad meiner Sehnsucht liegen? Wenn ich mir mein Ziel und meine letztgültige Bestimmung nicht vor Augen halte – und das passiert schnell, wenn ich mich auf die Steine auf dem Weg fokussiere –, dann werde ich verbittert. Doch in der Freude über meine letztendliche Bestimmung kann ich meine herausfordernden Umstände angehen. Freude sorgt dafür, dass ich keinen Mangel leide. Außerdem verspricht Gott mir, dass ich um das bitten darf, was ich brauche, damit ich dieses Leben meistern kann. Er kennt meine Grenzen und er weiß um die Steine, die auf meinem Weg liegen. Und er begleitet mich.

Worüber macht *dein* Herz einen kleinen Sprung? Was zaubert *dir* ein Lächeln ins Gesicht, wenn du daran denkst? Es braucht nicht groß oder spektakulär zu sein, denn diese Sehnsucht darfst du stillen, wenn du am Ziel angekommen bist. Denke doch einmal an die kleinen Dinge, die dir heute Freude bereitet haben. Gott sagt nicht, dass wir *für* alle Umstände dankbar sein müssen, sondern *in* allen Umständen (1. Thessalonicher 5,16-18). Gestehe dir selbst zu, zu genießen und zu danken, auch in schwierigen Zeiten. Das macht Freude und hält unseren Blick auf Gott und unsere Zukunft mit ihm gerichtet.

> HERR, HILF UNS, UNSEREN BLICK AUF DICH GERICHTET ZU HALTEN UND UNS SO DIE FREUDE IN UNSEREM LEBEN ZU BEWAHREN. IN WELCHER SITUATION WIR AUCH GEWESEN SEIN MÖGEN ODER NOCH SIND – DU BIST DORT GEWESEN UND DU BIST AUCH JETZT BEI UNS.

MEINE BEZIEHUNG ZU GOTT GIBT MIR DIE FREIHEIT, MIR NICHT JEDES MAL DEN KOPF DARÜBER ZERBRECHEN ZU MÜSSEN, WAS ANDERE VON MIR DENKEN

Fotograaf: Elisabeth Ismai

Dr. Ben Tiggelaar ist Schriftsteller, gefragter Redner und Verhaltenswissenschaftler. Er erzählt gerne, warum 1. Petrus 4,10-11 („Jeder soll dem anderen mit der Begabung dienen, die ihm Gott gegeben hat. Wenn ihr die vielfältigen Gaben Gottes in dieser Weise gebraucht, setzt ihr sie richtig ein. (…) So ehren wir Gott mit allem, was wir haben und tun.") für ihn relevant ist und welche Auswirkungen dieser Text in seinem Leben hat.

„Dieser Text war mir noch nie aufgefallen, bis ich eine Predigt über ihn gehört habe. Ich hatte mich damals schon eine Weile lang gefragt, wie ich der Tatsache, dass ich Christ bin, in meiner alltäglichen Arbeit noch mehr Ausdruck geben kann. In diesem Text im Petrusbrief steht ganz wortwörtlich, dass jemand, wenn er redet, das als Gottes Wort reden soll. Das hat mir gefallen, weil es konkret auf mich passt."

Von Bedeutung sein

„Ich bin kein Prediger. Die Leute kommen nicht zu meinen Seminaren oder Lesungen, um das Evangelium zu hören. Die Leute kommen zu mir, um unter anderem etwas über Leitung oder Unternehmertum zu lernen. Mit den Themen, über die ich spreche, sind allerdings eine Reihe von Aspekten verbunden, die alle etwas mit Sinngebung zu tun haben – wenn ich zum Beispiel darüber rede, wie du von Bedeutung sein kannst, was in deiner Arbeit wirklich zählt und welche Ziele du dabei anstreben solltest. Ich kann als Christ in solchen Momenten ein Zeuge sein, ohne gleich das ganze Evangelium explizit zu erwähnen. Manchmal habe ich auch die Gelegenheit, offen zu sagen, woher ich meine Inspirationen hole, oder sogar einen Bibeltext anzusprechen. Hinterher entstehen dann manchmal interessante Gespräche, bei denen es gut möglich ist, etwas von meinem Glauben zu erzählen."

Punkte im Himmel sammeln?

„Als Christ möchtest du gern deine Talente für das Reich Gottes einsetzen. Doch das ist nicht immer einfach umzusetzen. Nur ein Beispiel: Viele junge Christen, mit denen ich rede, erfahren das als eine Last. Sie wollen gerne einem gesellschaftlich interessanten Beruf nachgehen, haben aber dabei das Gefühl, immer noch „eine Schippe drauflegen" zu müssen. Sie wollen das Gute nicht allein um seiner selbst willen tun, sondern ja auch Gutes für Jesus tun. Das bereitet ihnen Stress. Ich persönlich denke, dass Jesus sich das überhaupt nicht so vorstellt. Er sagt doch, dass seine Last leicht ist und sein Joch sanft. Es geht ihm nicht um irgendwelche Verpflichtungen, die eingelöst werden müssen. Oder, wie meine Töchter sagen: ‚darum, Gummipunkte im Himmel zu sammeln'. Ich brauche mich also nicht ständig zu fragen: *Dient das, was ich gerade mache, der Ehre Gottes?* Wer immer so denkt, steht meiner Meinung nach in der Gefahr, schwer depressiv zu werden."

Energiebalance

„Willst du dein Talent entdecken, dann solltest du auch herausfinden, wie es um deine Belastbarkeit steht. Die eine Person schafft mehr als die andere. In der Bibel spornen uns besonders Petrus und Jakobus zum Handeln an – dazu, dass wir unserem Glauben Hand und Fuß verleihen. Aber in einem Menschenleben gibt es immer gewisse Schwankungen. Das gilt auch für mich. Es gibt Tage, an denen habe ich viel Energie, und Tage, an denen habe ich weniger Energie. Dann bin ich froh, dass in der Bibel auch ermutigende Texte stehen und dass wir nicht nur dazu aufgerufen werden, für andere da zu sein. In Matthäus 6 steht zum Beispiel, dass jeder Tag seine eigenen Herausforderungen mit sich bringt und dass wir uns nicht auch noch um den morgigen Tag Sorgen machen sollen. Gott sorgt für uns."

Selbstvergessenheit

„Der amerikanische Theologe Timothy Keller hat in einer Predigt über die Gaben, die wir als Menschen bekommen, einmal gesagt: ‚Die größte Gabe ist die Gabe des Evangeliums.' Diese Gabe gibt dir auch die Freiheit einer gewissen Selbstvergessenheit. Es geht dabei darum, dass du nicht mehr oder weniger *von dir* selbst denkst, sondern dass du weniger *an* dich selbst denkst. Mit anderen Worten: Ich muss mich nicht ständig fragen, was andere von mir halten. Das gibt mir den Raum, einfach mal etwas Neues auszuprobieren, zum Beispiel im Umgang mit Kollegen. Oder wenn ich unterrichten muss. Wir können uns von Gott die Haltung schenken lassen: ‚Was habe ich schon zu verlieren?' Ich kann so leben, weil ich weiß, dass das Allerwichtigste in meinem Leben, meine Beziehung zu Gott, gut ist und trägt. Das ist nicht mein eigener Verdienst, sondern eine Gabe, die ich bekommen habe. Das drückt auch der Text aus dem ersten Petrusbrief aus."

BENS CUP OF TEA

- Leidenschaft: Menschen
- Streben: Personen und Organisationen zu helfen, auf positive und effektive Weise ihre Träume in Aktionen umzusetzen
- Spezialität: das Übertragen verhaltenswissenschaftlicher Untersuchungen in praktische Anwendungen für unser tägliches Leben

SORGT EUCH UM NICHTS,
SONDERN IN ALLEN DINGEN
LASST EURE BITTEN
IN GEBET UND FLEHEN
MIT DANKSAGUNG VOR
GOTT KUNDWERDEN!

Philipper 4,6

1.8

ENERGIEVORRÄTE AUFFÜLLEN

Benediktinermönche leben in ihren Klöstern nach der Regel des heiligen Benedikt von Nursia (480–547 n. Chr.). Das hört sich im ersten Moment vielleicht nicht so attraktiv an – als ob sie alles so tun müssten, nur weil Benedikt es einmal vorgeschrieben hat.

Doch es ist anders: Benedikt hat seine Regel geschrieben, weil er gewusst hat, was für seine Mönchsgemeinschaft im Kloster und um das Kloster herum gut ist.

Benedikt schreibt in seiner Regel sogar dem Abt so einiges vor (also dem Mann, der das Kloster leitet). Er beschreibt einige Dinge, die ein Abt kann und tun muss, um für die (Seelen der) anderen zu sorgen, und schließt dann mit den Worten: „... und natürlich kommt seine eigene Seele noch hinzu."

Will Derkse schreibt auf Seite 82 seines Buches „Een levensregels voor beginners" das Folgende: *„Benedikt weist hier darauf hin, wie wichtig es ist, die eigene Seele gut zu pflegen. Menschen haben das Bedürfnis nach einer Orientierung und Leitung, die aus Quellen schöpft, die außerhalb von ihnen selbst liegen. [...] In der Praxis ist es jedoch oft so, dass Menschen die Pflege ihrer eigenen Seele umso mehr vernachlässigen, je mehr Seelen sie zu leiten haben. Der Schuldirektor hat zu viel Stress, um sich in fachlicher Hinsicht weiterzubilden. Der Minister hat keine Zeit mehr für die wöchentlichen Treffen mit seiner Wandervereinigung. [...] Diese Art von luxuriösem Beiwerk ist oft das Erste, was daran glauben muss, wenn jemand in einer Position letztgültiger Verantwortung landet. Aber dieses Beiwerk ist kein Luxus und eigentlich auch kein Beiwerk. Denn wir sollten noch einen Schritt weiter gehen als Benedikt: Es ist nicht nur so, dass die eigene Seele noch ‚hinzu kommt', vielmehr bestimmt die Stärkung und Pflege der eigenen Seele, wie gut wir überhaupt andere Seelen leiten können."*

Ist es nicht so, dass wir alle eine „letztgültige Verantwortung" tragen? Eltern tragen Verantwortung für die Erziehung ihrer Kinder. Lehrer sind verantwortlich für den Unterricht in ihren Klassen. Die Reinigungskraft ist verantwortlich für die Sauberkeit und Ordnung in einem Büro. Der Arzt oder die

Ärztin sind verantwortlich für die Gesundheit ihrer Patienten. Dann ist da noch die Verantwortung für dein Haus, das Gemeindeleben, den Sportverein ... Doch wenn du dich zu sehr durch die Frage leiten lässt, wo du überall von Nutzen sein könntest, dann hast du keine Zeit mehr für das „Beiwerk" in deinem Leben, für die Pflege deiner eigenen Seele.

„Da merkte ich, dass es nichts Besseres dabei gibt als fröhlich sein und sich gütlich tun in seinem Leben. Denn ein jeder Mensch, der da isst und trinkt und hat guten Mut bei all seinem Mühen, das ist eine Gabe Gottes." (Prediger 3,12-13)

AUFGABE

Finde einmal heraus, ob du notwendiges „Beiwerk" aus deinem Leben verbannt hast. Plane für dich sofort einen Zeitpunkt ein, an dem du einer „Beiwerk-Aktivität" nachgehst. Erlebe und erkläre, was das mit dir macht.

WOHLTAT

Ich bin einmal mit einer guten Freundin in einer Art Kurort gewesen. Dort habe ich in einer Badewanne gelegen, ganz und gar eingehüllt von irgendeiner wohltuenden Packung. Meine Freundin lag ein paar Meter weiter in einer ähnlichen Wanne. Auf einmal schoss ihr Lockenkopf in die Höhe und sie sagte: „Mensch, wenn Gott uns nun so sehen könnte – und das kann er sicher –, dann würde ihm das gefallen!" Damals traute ich meinen Ohren kaum. Gott soll es gefallen, wenn ich Luxus genieße? Dabei dachte ich doch immer, dass ich nicht an mich selbst denken darf; dass ich mein Leben für andere hingeben muss; dass ich am besten alles verkaufen sollte, was ich habe, um Jesus zu folgen! Wenn ich aber stattdessen Geld für mich selbst ausgebe – schiebe ich dann nicht Gott beiseite? Die Vorstellung, dass es Gott einfach gefallen könnte, wenn ich mich in einer Badewanne mit Wellnesspackung entspanne, war erst einmal ein Schock für mich. Doch danach konnte ich das Bad tatsächlich noch mehr genießen.

Noch ein anderes Beispiel: Ich singe mit den Kindern vor dem Einschlafen immer ein kleines Lied für Gott. Zum Beispiel das sehr bekannte Lied „Müde bin ich, geh zur Ruh'".

Eines Abends wollte meine Tochter gerne ein Lied singen, in dem es nicht um Gott geht: „Denn das findet Gott sicher auch sehr schön."

Mir wurde klar: Ja, das stimmt. Gott hat unsere Stimmen geschaffen und wir singen für ihn. Spielt es eine Rolle, *was* wir singen? Nein, es geht vielmehr darum, *warum* wir singen und *wie* wir singen! Ich kann dir sagen, dass ich noch nie mit so viel Dankbarkeit gesungen habe wie an diesem Abend.

AUFGABE

Gott ist in allem gegenwärtig. Er ist nicht erst dann da, wenn du ihm bewusst zuhörst. Er ist immer da.

Suche dir einen Zeitpunkt in der kommenden Woche aus, den du bewusst genießen möchtest, weil Gott es ist, der ihn dir schenkt. Das kann ein Moment sein, den du bisher schon geplant hattest, oder etwas ganz Neues, das dir gerade einfällt. Genieße den Moment!

Den Strauß selbst gepflückter Blumen bewundern

Mit einer Freundin spazieren gehen

Ganz laut einen Song im Radio mitsingen

1.9
DIE INNEN- UND DIE AUSSENSEITE

Andere machen sich auf der Grundlage deines Verhaltens, deiner Kommunikation und deiner Symbole ein Bild von dir. Das Bild, das andere von dir haben, ist dein Image. Wenn du nach dem Lebensmodell lebst, bei dem du dich selbst positionierst (Modell 1), dann ist dein Image ziemlich wichtig. So wichtig, dass du dich selbst manchmal besser präsentierst, als du eigentlich bist. Oder dass du bei dir ein paar „Anpassungen" vornimmst, um ein Image zu erzielen, das sich besser vermarkten lässt. Denn du weißt: Dein Image muss gut genug sein, damit andere sich für dich entscheiden und nicht für die Konkurrenz. Du kannst dir allerdings auch denken, was das mit deinem Energiepegel anstellt!

Wenn du dich jedoch für das TEA-Konzept entscheidest (Modell 2), dann ist es vor allem wichtig, dass die Innen- und die Außenseite übereinstimmen. Dass du innen und außen dieselbe Person bist. Ehrlich und echt. "What you see is what you get." Dann wissen die anderen, woran sie sind. Darüber hinaus ist es für dich selbst auch besser. Du spürst, dass du auch nach außen hin so sein darfst, wie du bist, und nichts vortäuschen musst. Das verleiht dir Energie.

Ein guter Baum trägt keine schlechten Früchte und ein schlechter Baum keine guten. So erkennt man jeden Baum an seinen Früchten. Von Dornbüschen kann man keine Feigen pflücken und von Gestrüpp keine Weintrauben. Wenn ein guter Mensch spricht, zeigt sich, was er Gutes in seinem Herzen trägt. Doch ein Mensch mit einem bösen Herzen kann auch nur Böses von sich geben. Denn wovon das Herz erfüllt ist, das spricht der Mund aus!

(Lukas 6,43-45, Hoffnung für alle)

RENN, PFERDCHEN, RENN

Ich habe einmal ein Training mit Pferden absolviert. Eigentlich mag ich Tiere nicht. Und Pferde schon gar nicht. Das sind für mich große, undurchschaubare Biester. Ich musste auf einer Koppel das Pferd an einer Longe im Kreis laufen lassen. In meinem Tempo. Nun, habe ich gedacht, das werde ich wohl schaffen. Ich beiße einfach mal fünf Minuten die Zähne zusammen und damit hat es sich. Aber nein, das Pferd hat sich geweigert und gebockt. Der Trainer hat mich dann kurz zu sich gerufen und mir gesagt: „Was machst du da? Das Pferd muss für dich arbeiten und nicht du für das Pferd, klar?" Ich hatte mir überhaupt keinen Raum zugestanden, um zu spüren, dass ich eigentlich ziemlich angespannt war. Was ich nach außen hin, mit meiner „Außenseite" gezeigt habe, waren Durchsetzungsvermögen und Tatkraft. Innerlich allerdings fühlte ich Unsicherheit und Anspannung und musste deshalb hart arbeiten, um nach außen hin sicher zu wirken. Ich habe versucht, meine Unsicherheit dadurch wettzumachen, dass ich dem Pferd Befehle zugeschrien habe. Es hat allerdings ziemlich komisch darauf reagiert und die gemischten Signale, die ich unbewusst ausgesandt habe, überhaupt nicht verstanden. Der Trainer hat mir dann erklärt, dass es bei Menschen ganz ähnlich ist – nur wird es am Verhalten der Pferde sehr viel besser sichtbar, wenn Innen- und Außenseite dessen, der mit ihnen arbeitet, nicht übereinstimmen.

EHRLICHE KOMMUNIKATION

Für deine Umgebung ist es wichtig, dass du an der Außenseite, nach außen hin zeigst, was dich innerlich ausmacht. So kann man dich erst richtig einschätzen. Auch für dich selbst ist es notwendig. Du bist viel effektiver und es kostet dich weniger Energie, wenn du zeigst, wer du wirklich bist; wenn du deutlich machst, was dich strahlen lässt oder was dich verunsichert; was dir Energie zuführt und was dich Energie kostet. Wir haben das ein wenig verlernt. Wenn wir ständig nur nach unserer Leistung beurteilt werden, dann ist es auch das, was wir einander erzählen. Wir sind immer beschäftigt, haben immer zu tun und fragen einander nicht: „Wie geht es dir *wirklich*?"

Aber du kannst dich selbst darin trainieren, aus deiner wirklichen Identität heraus zu kommunizieren. Wenn du einem anderen zum Beispiel ein Kompliment machst, dann rede nicht nur darüber, was er gut macht (Endergebnis), sondern auch darüber, warum du meinst, dass er das gut macht (Einsatz, Charakter und Prozess). Zum Beispiel: Wenn meine Tochter mit ihren Plastikpferdchen spielt, kann ich sagen: „Was spielst du so schön mit deinen Pferdchen!" Ich kann aber auch sagen: „Ich sehe, dass du deine Pferde in einer Reihe aufgestellt hast und dass sie alle Futter im Trog haben. Du kümmerst dich wirklich gut um sie." Der erste Satz sagt nur etwas über meine Tochter aus. Der zweite sagt auch etwas darüber, was ich sehe und fühle.

AUFGABE: CHECK-IN-MOMENT

Erzähle *einer* Person in deiner Umgebung, dass du dir immer mal wieder Zeit nehmen möchtest, um zu beschreiben, wie du dich fühlst. Das hilft, dein Vorhaben dann auch wirklich umzusetzen. Nenne es einen „Check-in-Moment": einen Moment, in dem du in das Hier und Jetzt eincheckst.

1. Wenn du dich traust, dann bitte die andere Person, dir zuerst zu sagen, wie sie deine Außenseite wahrnimmt: Was lässt deine Außenseite über deine Innenseite erkennen?

2. Erläutere dann, was du selbst fühlst. Hast du den Eindruck, dass deine Innen- und deine Außenseite deckungsgleich sind?

ROTE WANGEN ZIEREN DEIN GESICHT,
DEINE AUGEN STRAHLEN HELL,
DEIN SANFTER MUND
KENNT KEINE LÜGE.

INNEN UND AUSSEN ZEIGST DU,
WER DU BIST,
UND SPIEGELST DEINEN SCHÖPFER WIDER,
DER DICH KENNT VON KOPF BIS FUSS.

DER HIMMEL FLÜSTERT DIR ZU,
WER DU IN GOTT SEIN DARFST.

VIELE FRAUEN SEHEN SICH SELBST NICHT SO, WIE GOTT SIE SIEHT

Vor drei Jahren habe ich Aty Elzingas „Von innen nach außen – Farb- und Stilberatungsagentur" betreten. Ich trug hautenge Treggins und ein dunkelblaues Oversize-Shirt, nicht zu auffallend eben. Von Aty habe ich dann eine Farb- und Stilberatung erhalten, von der ich immer noch zehre. Ich habe sie als eine Frau mit einer besonderen Vision für Schönheit kennengelernt.

„Als Teenager fand ich mich selbst ziemlich hässlich mit meinen großen Füßen und meinem langen Körper. Ich konnte nichts mit mir anfangen. Später habe ich gemerkt, dass wir Frauen so vielen Dingen zugleich gerecht werden wollen. Wir schlüpfen in unsere Rollen als Arbeitnehmerin, Tochter, Freundin, Mutter, Ehefrau und Mitarbeiterin in der Gemeinde. Wir arbeiten und arbeiten. Ich für meinen Teil bin dann irgendwann „kaltgestellt" worden, denn ich bekam einen Burn-out. Da habe ich erst so richtig den Druck unserer Gesellschaft gespürt: *Du bist nichts wert, wenn du nicht arbeitest.* Was für eine Lüge!"

Wer kümmert sich heute um Kleidung?

„In dieser Zeit habe ich eine Anzeige für die Ausbildung zur Farb- und Stilberaterin gesehen und dachte sofort: Das würde mir richtig gut gefallen! Es kam mir so vor, als wäre ich endlich bei mir angekommen. Zwischen all den Farben und Stoffen blühte ich richtig auf. Aber ich musste erst dahin kommen, von der Relevanz der Farb- und Stilberatung überzeugt zu sein. Ich dachte nämlich zunächst: Wer kümmert sich denn heute noch um Kleidung? Es gibt doch viel wichtigere Dinge im Leben! Aber zum Glück hat mein Mann gesagt: ‚Ich möchte, dass du etwas tust, was dich glücklich macht.'"

Wir schauen in den Spiegel und sind unzufrieden

„Langsam aber sicher merke ich, dass das Gottes Berufung für mich ist. Er möchte, dass ich Frauen ermutige. Gott will ihnen durch mich mitteilen: ‚Du darfst sein. Ich liebe dich! Du bist meine Braut.' Er hat uns nach seinem Ebenbild geschaffen. Wenn du in den Spiegel schaust, dann siehst du etwas von ihm. Aber wir schauen so oft in den Spiegel und sind unzufrieden mit dem, was wir sehen. Im Grunde beleidigen wir Gott damit. Wir dürfen uns schön finden und uns schön machen – so wie eine Braut sich schmückt. Dadurch ehren wir Gott, unseren Bräutigam."

Spiegelbild deines Schöpfers

„Mein Workshop beginnt damit, dass Gott dich geschaffen hat. Was hat er in dich hineingelegt, als du im Bauch deiner Mutter gemacht wurdest? Was möchte er für dich – in all den Aufgaben und Rollen, die du gerade ausfüllst? Erst wenn du weißt, wer du tief in dir drinnen bist, kannst du das auch äußerlich sichtbar werden lassen. Ich habe mich viel mit den Rollen beschäftigt, die Frauen in der Bibel ausfüllen. Eigentlich stand ihre damalige Kultur dem entgegen, dass sie in der Gesellschaft große Bedeutung erlangen. Und dennoch füllen diese Frauen oft eine zentrale Rolle aus. Sie zweifeln nicht an sich. Sie tun einfach das, was ihnen entspricht. Durch das, was sie sind, zeigen sie, was Gott ihnen geschenkt hat. Denke also nicht: Eigentlich müsste ich doch so und so sein. Entdecke stattdessen, wer du bist und was in dir steckt!"

Auf Stilettos in den Garten

„In meinen Workshops frage ich Frauen immer zuerst, mit welcher Frau aus der Bibel sie sich identifizieren. Erst danach schauen wir, welche Kleidung dazu passt. Das schafft Eindeutigkeit. Ich darf entscheiden und muss nicht alle Rollen gleichermaßen in den Vordergrund stellen. Wenn ich im Garten stehe und arbeite, dann kann ich nicht gleichzeitig den Tag als Kämpferin in Stilettos angehen. Oder wenn ich kleine Kinder habe, dann wird die Königin in mir des Öfteren unter dreckigen Lätzchen und Schnupftüchern verschwinden. Das löst natürlich auch Sehnsüchte aus, weil die stolze Kämpferin oder würdevolle Königin nun erst einmal nicht so zum Vorschein kommt, wie ich es mir wünschen würde."

Du bist eine Königstochter

„Wenn ich einer Frau helfe, dann kann ich Gott nicht außen vor lassen. Ich rede nicht ständig über Gott, aber ich ‚lebe' ihn aus. Und ich weiß, mit welchen Augen Gott die Frauen ansieht, die zu mir kommen. Ich weiß, wie sehr er sie liebt. Ich möchte Frauen ermutigen, mit ihrem Äußeren zu zeigen, was sie in ihrem Inneren sind – Königstöchter."

TEIL 2
EHRE GOTTES

ALLES WEIST AUF IHN HIN

2.1
EINLEITUNG

Wenn du dir 1. Petrus 4,10-11 gut durchliest, entdeckst du besondere Dinge. Dienet einander, ein jeder mit der Gabe, die er empfangen hat, als die guten Haushalter der mancherlei Gnade Gottes: Wenn jemand redet, rede er's als Gottes Wort; wenn jemand dient, tue er's aus der Kraft, die Gott gewährt, damit in allen Dingen Gott gepriesen werde durch Jesus Christus. Ihm sei Ehre und Macht von Ewigkeit zu Ewigkeit! Amen.

Zunächst sehen wir uns an, was du da nicht liest:

1. TUE ALLES, WAS DU TUST, ZUR EHRE GOTTES.
2. TUE ALLES, WAS DU KANNST, UM ANDEREN ZU HELFEN.
3. TUE NUR DINGE, DIE DEINEM TALENT ENTSPRECHEN.
4. TUE ALLES, WAS DU TUST, PERFEKT, DANN ERST GESCHIEHT ES ZUR EHRE GOTTES.

Wie oft hast du das Gefühl, du solltest die Maßstäbe Gottes erfüllen? Wie oft hast du das Gefühl, dass du ihn nur auf eine ganz besondere, spezielle Weise ehren kannst? Wie oft hast du das Gefühl, dass alles, was du tust, unter dem Vorzeichen „für andere" stehen sollte? Unter uns Christen gibt es schon eine ganze Menge „Marthas" …
Gott schlägt aber einen anderen Ton an: „*Wenn* du die Gaben und Talente, die du von mir erhalten hast, einsetzt, dann gebrauche sie, um einem *anderen* zu helfen. Dann *ist* es zu meiner Ehre." Du brauchst nichts extra Heiliges zu tun oder dein außergewöhnlich Bestes zu geben, damit du den Maßstäben Gottes genügst. Weißt du, was das Wunderbare ist? Er schenkt dir die Kraft, die du brauchst, um ihn zu ehren: „Geh hin in dieser deiner Kraft." (Richter 6,14)

Ich habe den Bibeltext für dich in kleinere Häppchen unterteilt. Halte bei jedem Abschnitt kurz inne, um dem nachzuspüren, womit Gott geehrt wird:

Ein jeder

Das bedeutet *jeder*. Auch du. Da steht nicht: Alle Menschen, die Gaben empfangen haben … Gott teilt großzügig aus. Jeder Mensch, der durch ihn geschaffen wurde (und sind wir das nicht alle?), hat Talent. Mach dir also klar, dass *du* hier gemeint bist!

Mit der Gabe, die er empfangen hat

Genau die Gaben, die du von Gott bekommen hast, darfst du einsetzen. Das sind in jedem Fall die einzigartigen Eigenschaften, die schon von Geburt an zu deiner Persönlichkeit gehören. Gott gibt dir Talent, mit dem du wirklich etwas anfangen kannst. Deine Gaben sind ein Gottesgeschenk.

Dienet einander

Wenn du deine Gaben und Talente einsetzt, tust du es mit der Intention, anderen damit zu helfen. Gott weiß, dass sich deine Identität so am besten entfaltet. Hier steht übrigens nicht „allen anderen" oder „dienet einander ohne Ende". Gott gibt dir Raum zu entscheiden, was wirklich notwendig ist. Und er ermutigt dich: Gebrauche das Beste nicht zu deinem eigenen Nutzen. Mit anderen Worten: Lass deine alte Natur hinter dir.

Aus der Kraft, die Gott gewährt

So wie du deine Persönlichkeit als eine gute Gabe Gottes betrachten darfst, so darfst du auch deine Werte, Überzeugungen und Motive durch die Kraft Gottes füllen lassen. Diese Kraft hilft dir, deine Persönlichkeit darauf zu richten, was gut für andere ist. Die Kraft Gottes gibt dir auch Weisheit und Urteilsvermögen, um zu erkennen, was *wirklich* gut ist für einen anderen, damit du nicht einfach nur sein „Wunscherfüller" wirst.

Damit in allen Dingen Gott gepriesen werde

Gott stellt hier keine besonderen Regeln auf, nach dem Motto: Mache es so oder tue es so. Im Alten Testament mussten die Opfer noch allen möglichen Gesetzen und Vorschriften entsprechen, um zur Ehre Gottes gereichen zu können. Und bei den Opfern handelte es sich immer um etwas außerhalb unserer selbst, zum Beispiel ein Tier. Jesus aber hat der Notwendigkeit ein Ende bereitet, diese Art von Opfern bringen zu müssen. Wenn wir mit Jesus und seinem Geist verbunden sind, dann dürfen und können wir Gott mit dem ehren, was wir sind und haben.

Wenn du anderen mit deinem Talent hilfst, dann ist es zur Ehre Gottes – ob du nun unterrichtest, Bundeskanzlerin bist oder eine kaputte Heizung reparierst. Gott schaut aus dem Himmel auf dich herab und denkt: Hey, mein Kind macht etwas für eines meiner anderen Kinder mit dem Talent, das ich ihm gegeben habe. Das wird gut werden!

GOTTESGESCHENK

Kennst du das Gefühl, dass du ein Geschenk für eine andere Frau gekauft hast und dich schon wahnsinnig freust, weil du ganz sicher weißt, es wird ihr gefallen? Du hast das Geschenk schon seit Wochen bei dir zu Hause und schaust es dir immer wieder einmal an. Und dann ist es endlich so weit, du überreichst dein Geschenk. „Oh, die neuen Pastellkreiden, die man so schön verreiben kann. Das ist doch genau das, was ich gesucht habe! Woher hast du gewusst, dass ich mir so etwas wünsche?" Und dann probiert die Empfängerin deines Geschenks es auch noch direkt aus. Voller Hingabe fertigt sie die erste Zeichnung an. Die ist zwar noch nicht perfekt, aber schon die Beschäftigung mit den Farben bereitet der Beschenkten so viel Vergnügen! Es zeichnet sich gleich noch einmal so schön, weil sie weiß, dass sie die Farbkreiden von einer guten Freundin bekommen hat. Eine, die sich wirklich bemüht hat, sie gut kennenzulernen. Wenn dir dieses Erlebnis bekannt vorkommt, dann weißt du: So schaut Gott auf dich, wenn er sieht, dass du die Farbpalette deines Talents einsetzt. Eigentlich sollten wir mit diesem Teil des Buches – über Gottes Ehre – hier aufhören. Lege das Buch kurz zur Seite und lass es zu dir durchdringen: *Alles, was du mit den Gaben, die du von Gott erhalten hast, für andere tust, geschieht zur Ehre Gottes.*

AUFGABE

Morgen ist wieder ein neuer Tag voller Möglichkeiten. Überlege dir eine Aufgabe, für die du das Talent, das Gott dir gegeben hat, einsetzen kannst. Nimm dir vor, Gott schon zu danken, bevor du ans Werk gehst. Das kann sehr kurz und im Stillen sein: „Herr, ich danke Dir für das Talent, das Du mir gibst: … Es ist ein Wunder, wie Du mich geschaffen hast!"

Gott aber kann machen, dass alle Gnade unter euch reichlich sei, damit ihr in allen Dingen allezeit volle Genüge habt und noch reich seid zu jedem guten Werk. (2. Korinther 9,8)

"DAS HABE ICH NOCH NIE VORHER VERSUCHT, ALSO BIN ICH VÖLLIG SICHER, ..."

Door Marloes Selles

Ich weiß nicht, wie es dir geht, aber ich liebe es, mich selbst ab und zu ein wenig herauszufordern. Etwas zu tun, das ich vorher noch nie getan habe. Das Beste aus mir herauszuholen. Neue Erfahrungen zu machen und mich selbst weiterzuentwickeln. Denn ich möchte die beste Version meiner selbst werden. Ich möchte gerne die Talente, die ich von Gott bekommen habe, zur vollen Entfaltung bringen. Aus meiner Wohlfühlzone heraustreten und ein paar „Stretchübungen" machen. Ein bekanntes Zitat spricht mich als überzeugte Optimistin enorm an: „Das habe ich noch nie vorher versucht, also bin ich völlig sicher, dass ich es schaffe." (Pippi Langstrumpf) Engagiert stürze ich mich auf neue Projekte an der Arbeit, melde ich mich bei herausfordernden ehrenamtlichen Tätigkeiten, begleite ich Kinder im Kindergottesdienst, verspreche ich, Stillewanderungen vorzubereiten, und natürlich werde ich in der Passionszeit vierzig Tage lang fasten.

Okay ... was habe ich mir da bloß vorgenommen? Nun muss ich das wohl alles machen, schließlich habe ich es versprochen. Ich möchte es auch wirklich gern, wie soll man denn sonst im Leben vorankommen? Wie sollte ich sonst für andere von Bedeutung sein und sie segnen? Wie sollte ich sonst mein Ziel erreichen?

Doch ehrlich gesagt weiß ich manchmal nicht mehr, wie ich das alles unter einen Hut bringen soll. Ich bin müde, gestresst und spüre, dass ich nicht allem gerecht werden kann. Ich bin so sehr damit beschäftigt, mir selbst etwas zu beweisen, mich mit anderen zu vergleichen, so beschäftigt mit dem Dienen, dass ich keine liebevolle Ehefrau oder geduldige Mutter mehr sein kann. Und ich vergesse, Zeit für mich selbst einzuräumen. Und für Gott habe ich schon überhaupt keine Zeit mehr.

Aber dann verweist mich eine Freundin auf Psalm 127, Vers 2: *„Es ist umsonst, dass ihr früh aufsteht und hernach lange sitzet und esset euer Brot mit Sorgen; denn seinen Freunden gibt er es im Schlaf."* Und dann höre ich eines Morgens in der Kirche (zum Glück war ich gerade nicht mit dem Kindergottesdienst dran, sonst hätte ich es nicht mitbekommen): Jesus ist gekommen, um zu dienen, und nicht, um sich dienen zu lassen. Sicher habe ich diese Worte schon hundertmal gehört, aber dieses Mal erreichen sie auch mein Herz. *Er ist gekommen, um mir zu dienen.* Er ist nicht gekommen, um bedient zu werden. Er will mir alles geben. Aus Liebe! Das Einzige, was ich noch tun muss, ist, zu sagen: „Hier ist mein Herz, Herr. Das habe ich noch nie vorher versucht, aber ich bin völlig sicher, dass *du* es schaffst."

`Tipp: Höre ein Lied an: "Herr, hier ist mein Herz, ich streck mich aus nach Dir."`

JESUS IST GEKOMMEN, UM MIR ZU DIENEN, UND NICHT, UM SICH DIENEN ZU LASSEN.

TALENT MACHT DIE WELT SCHÖNER UND WEIST AUF GOTT HIN

Jelmer Slager ist ein begeisterter Sportler. Er liebt den Radrennsport über alles und hat auf hohem Niveau Fußball gespielt, unter anderem beim SC Cambuur und den Harkemase Boys. „Woher kommt es, dass jemand wirklich gut ist in dem, was er tut? Das ist, denke ich, doch etwas, das angeboren ist. Anders kann ich es nicht ausdrücken. Es macht enorm viel aus, wie du jemandem einen Ball zuspielst oder ein Musikinstrument in die Hand nimmst. Du hast es entweder oder du hast es nicht."

„Gleichzeitig ist mir auch klar, dass das ein zu beschränkter Blick auf Talent ist. Zum Beispiel wird ein geborenes Fußballtalent, das nur zu Hause auf der Couch sitzt, nie dem Trainer irgendeines Spitzenvereins auffallen. Talent braucht man in kleinen Portionen. Als Topsportler benötigst du zum Beispiel eine eiserne Disziplin, musst unter Druck Leistung abliefern können und gut trainierbar sein. Aber diese Eigenschaften haben nicht allein Spitzensportler. In dieser Hinsicht hat jeder Talent."

Bewundern

„Wenn du jemandem wie Lionel Messi beim Fußballspielen zusiehst, dann wirst du für einen Augenblick beinahe über die Wirklichkeit hinausgehoben, denn sein Talent begeistert dich. Dafür ist der Sport natürlich auch erfunden worden. Als Vergnügen. Um für einen Augenblick die oft unbefriedigende Wirklichkeit auf die Seite zu schieben. Dasselbe gilt für die Schönheit. Ein Bild wie den ‚Distelfink' von Carel Fabritius kannst du mit größtem Vergnügen eine Stunde lang betrachten und es bewundern. Unsere Welt ist in einem schlimmen Zustand. Da ist es doch brillant von Gott, dass er Talent gibt, um die Welt – und wenn es nur für einen Augenblick ist – etwas erträglicher zu machen. Und dabei ist es ganz gleich, ob du das nun als Fußballer, Musiker oder Krankenschwester tust."

Verteidigen

„Wir sehen Toptalent zu häufig im Gegensatz zum christlichen Glauben. Ich habe mich oft dafür verteidigen müssen, dass ich Profifußballer gewesen bin. ‚Das ist doch keine Welt, in der sich Christen bewegen sollten. Da dreht sich doch alles nur um Leistung und darum, dich selbst zu beweisen. Wenn du den Gottesdienst ausfallen lässt, um sonntags ins Fußballstadion zu gehen, dann verbannst du Gott auf den zweiten Platz.' Es ist sicher wahr, dass du es als christlicher Fußballer nicht einfach hast. Du trainierst mit ungefähr vierundzwanzig anderen, aber beim Spiel gibt es auf dem Feld nur Platz für elf. Da gehört schon was dazu, um dabei nicht nur an dich selbst zu denken und deine Ellbogen zu gebrauchen. Aber hey, ist es im Rest des Lebens nicht ganz genauso? So leicht hat es ein christlicher Bauarbeiter zwischen den fluchenden Kollegen ja auch nicht, oder? Und Hypothekenberater ist doch auch kein ausgesprochen christlicher Beruf!"

Mit allen Sinnen

„Wenn du Talent als etwas betrachtest, das du von Gott bekommst, um das Leben erträglicher zu machen und ihm Sinn zu verleihen, dann verschwindet der Gegensatz zwischen Glaube und Talent. Es ist eine Form von Schönheit in diesem Leben, die Gott gegeben hat. Er gibt Talent, damit wir es genießen und ihn damit verherrlichen. Talent zeigt dir etwas von der Größe Gottes und von der Unermesslichkeit der Schöpfung. Wir sollten uns in der Kirche z. B. öfter einmal ein hervorragendes Gemälde eine Stunde lang anschauen. So bleibt Glaube nicht nur etwas, worüber du sprichst und diskutierst. Wir müssen Gott wieder mit allen Sinnen erleben, um neu zu entdecken, wer er ist. Ich denke, dass unsere Talente und die Schönheit und Freude, die wir dadurch ins Leben bringen, dazu beitragen können."

Relativierungsvermögen

„Mein Glaube hat sich im Laufe der Zeit verändert. Glaube bedeutet für mich nun weniger, dass Gott einen festen, unabänderlichen Plan für mein Leben hat, sondern dass ich mich einem Gott übergeben darf, der so viel größer ist als mein beschränktes Denken. Ich habe oft das Bedürfnis, die Wirklichkeit zu deuten, und denke viel über ‚die Dinge des Lebens' nach. Dabei merke ich, dass mein Welt- und Menschenbild ganz schön pessimistisch ist. Aber ich kann mich trotzdem entspannen, weil ich an einen großen Gott glaube. Und wenn ich und du dazu beitragen können, diese Welt ein kleines bisschen erträglicher zu machen, dann ist das doch schon sehr viel."

2.2

DER UNTERSCHIED ZWISCHEN GOTT UND MENSCHEN

Du bist nicht dazu geschaffen, Gott zu sein. Wenn du so sein möchtest, wie du gemeint bist, dann ist es für dich also wichtig zu wissen, worin du dich von Gott unterscheidest. In Psalm 8, Vers 6 heißt es vom Menschen: *„Du hast ihn wenig niedriger gemacht als Gott."* Was bedeutet es aber, dass Menschen *wenig niedriger* sind als Gott (und nicht genau wie er)?

Alles, was du machst, schaffst oder hervorbringst, lässt sich letztendlich auf etwas zurückführen, das schon da gewesen ist. Gott nicht. Er ist einzigartig und unvergleichlich. Und sein Vorstellungsvermögen übersteigt unseres bei Weitem. Schau dir doch nur einmal die Schöpfung an! Gott hat sich alles erdacht und aus dem Nichts heraus erschaffen. Aber wir wollen Gott gerne auf etwas reduzieren, das wir greifen und begreifen können. Doch das funktioniert nicht.

Trotzdem lässt Gott sich schon erkennen. Durch seinen Sohn Jesus Christus und durch seine Schöpfung. Du kennst sicher die Geschichte von den vier Männern, die mit verbundenen Augen um einen Elefanten herumstehen. Der Mann, der an einem der Beine steht, sagt: „Dieses Tier ist hoch und ich kann es mit meinen Armen nicht umschließen." Der Mann, der an den Ohren steht, sagt: „Dieses Tier ist platt und sehr flexibel." Der Mann, der neben dem Schwanz steht, sagt: „Dieses Tier ist sehr dünn und hat weiche Härchen." Und der Mann, der den Rüssel anfasst, sagt: „Dieses Tier fühlt sich gummiartig an und ist sehr beweglich." Sie alle haben recht. Die Männer können erst dann das Tier wirklich kennenlernen und verstehen, wenn sie ihre Augenbinden abnehmen. Oder sie müssen einfach akzeptieren, dass jeder für sich allein nicht die komplette Wahrheit über das Tier kennt und deshalb auf das hören sollte, was die anderen darüber berichten. So ist es auch mit Gott. Wenn du lernst zuzuhören, wie andere ihn kennengelernt und erfahren haben, erweitert sich deine Sichtweise von Gott.

Ich denke, dass es auf jeden Fall zwei Eigenschaften sind, die dich und mich zu Menschen machen. Wenn du weißt, welche Eigenschaften das sind, verstehst du auch, dass du mit genau diesen Eigenschaften deinen Schöpfer kennenlernst. Diese beiden Eigenschaften sind die *Fähigkeit zum Wachstum* und die Tatsache, dass wir *einander ergänzen*. Gott ist vollkommen. Er wächst nicht und er hat auch niemand anderen nötig, der ihn ergänzen müsste. Gott ist in sich selbst – als heilige Dreieinigkeit bzw. Dreifaltigkeit – vollkommen.

WACHSTUM

Du hast es in dir, dich zu entwickeln, und das macht dich zum Menschen. Ein Pferd z. B. steht direkt nach seiner Geburt auf und läuft, isst und trinkt. Es gibt nicht viel, was es nach seiner Geburt noch dazulernen muss, damit es für den Rest seines Lebens Pferd sein kann. Es hat zum Beispiel schon ein instinktives Gefühl für Gefahren. Du kannst mit einem Pferd natürlich noch trainieren, damit es Dinge lernt, die es von sich aus nicht konnte. Aber es gibt wohl kein Pferd, das sich denken würde: *Wenn ich das jetzt noch dreimal versuche, dann kann ich es vielleicht doch.*

Menschen dagegen haben eine Persönlichkeit, die nur zu ungefähr 50 Prozent genetisch festgelegt ist. Die Hälfte deiner Persönlichkeit ist also noch „frei" für Entwicklung und Wachstum! Da passt es doch gut, dass Gott dich mit deiner Persönlichkeit ermutigt und zu dir sagt: „Wenn du sie einsetzt, um anderen zu dienen, ehrst du mich damit." Wir können Gott also ehren mit dem, was uns zu Menschen macht. Ich empfinde es als etwas ganz Besonderes, dass gerade unser *Kontakt mit Menschen* die andere Hälfte unserer Persönlichkeit formt. Das hat Gott sich genial ausgedacht, findest du nicht auch? Mit dem, was dich zum Menschen macht, darfst du Gott ehren und du wächst sogar noch dadurch!

Es gefällt mir, dass ich wissen darf, was ich an Gott habe. Er ist unveränderlich. Er ist derselbe – gestern, heute und morgen. Das ist einfach unglaublich!

EINANDER ERGÄNZEN

Kein Mensch ist vollkommen. Das ist übrigens ein schönes Wort, nicht wahr, *voll*kommen? Ich denke, es trägt eine andere Bedeutung in sich als *perfekt*. Eine einzelne Eigenschaft Gottes würde man perfekt nennen. Gottes Schönheit zum Beispiel. Dass Gott vollkommen ist, geht aber noch weiter, als dass er lediglich perfekte Eigenschaften besäße: Gott ist *alles. Voll ist ganz*, es trägt alles in sich. Keine einzige menschliche Persönlichkeit hat alle guten Eigenschaften vorzuweisen, die es gibt. Der eine ist z. B. eher extrovertiert, die andere eher introvertiert. Als Menschen ergänzen wir einander. Gott aber ist vollkommen und in sich selbst komplett.

Gott ist in *all* seinen Eigenschaften vollkommen. Wenn er zornig auf uns ist, ist sein Zorn vollkommen. Wenn Gott traurig ist, ist sein Kummer vollkommen. Ist das eine überraschende Tatsache? Du bist vielleicht geneigt, Vollkommenheit zum Beispiel mit Schönheit oder intensiver Freude zu assoziieren. Aber diese Erde und die Ereignisse, die auf ihr stattfinden, erfordern auch Emotionen, die wir nicht direkt mit Vollkommenheit in Zusammenhang bringen. Gerade diese Emotionen sind bei Gott jedoch durchaus vollkommen. Gottes Zorn hat seinen Ursprung in einer heiligen Unzufriedenheit. Unser Zorn hingegen kommt oft aus dem Gefühl heraus, dass wir zu kurz gekommen sind.

Wo Menschen einander ergänzen (müssen), ist Gott in sich selbst vollkommen. Das macht ihn glaubwürdig. Alle Eigenschaften Gottes sind *eins*. Das bedeutet, dass er nicht das eine Mal mächtig ist und das andere Mal liebevoll. Er lässt sich nicht blind leiten durch Emotionen, durch Frustration oder Unsicherheit. Er ist nicht *entweder* gerecht oder gnädig. Er ist *alles in einem*.

GOTTES VOLLKOMMENHEIT ENTDECKEN

Am Anfang dieses Buches hast du gelesen, dass Gott zu Beginn der Schöpfung gesagt hat: „Lasset uns Menschen machen, ein Bild, das uns gleich sei." Alle Menschen, die je gewesen sind, die jetzt leben und noch kommen werden, bilden zusammen das Ebenbild Gottes ab. Das Bild, das wir uns von Gott machen, steht oft in der Gefahr, durch das Bild verzerrt zu werden, das wir von uns selbst und von anderen haben. Da wir von Natur aus aber meist eine schiefe Wahrnehmung unserer selbst haben, ist das kein geeigneter Spiegel dafür, wie Gott ist. Es gilt, Gottes Vollkommenheit neu zu entdecken.

> DU SIEHST DAS SONNENLICHT NICHT,
> ABER DU SIEHST WOHL,
> WAS VON DIESEM LICHT BERÜHRT WIRD.
> DU SIEHST GOTT NICHT,
> ABER DU SIEHST WOHL,
> WAS VON SEINEM LICHT BERÜHRT WIRD.

Du kannst nicht lange mit offenen Augen in die Sonne schauen, spürst aber trotzdem ihre Wärme auf deiner Haut. Und wenn es Nacht ist, siehst du die Sonne sogar überhaupt nicht, obwohl sie anderswo auf der Welt gerade scheint. Abends entdeckst du vor dem Spiegel, dass du von der Sonne Sommersprossen bekommen hast und dass deine Hautfarbe verändert ist. Wenn es Frühling wird, siehst du, wie die Blumenzwiebeln in der Erde langsam austreiben, weil die Sonne sie erwärmt hat. Die Sonne selbst siehst du meist nicht, doch du siehst das, was sie berührt.

So kannst du auch Gott nicht sehen, aber du nimmst wahr, was von ihm berührt wurde. Wenn du lernst, die gesamte Schöpfung aufmerksam zu betrachten, dann bemerkst du immer mehr von Gottes Vollkommenheit.

Herr, ich lobe und preise dich für deine Vollkommenheit.
Danke, dass du immer derselbe bist.
Danke, dass ich mich darauf verlassen kann, dass du vollkommen,
dass du alles in allem bist.
Herr, lehre mich, dich für das zu lieben und zu ehren,
was dich in Wirklichkeit ausmacht.

2.3

VERWENDE DIE DINGE SO, WIE SIE GEMEINT SIND

Mein Vater hat früher oft gesagt: „Verwende die Dinge so, wie sie gemeint sind." Als Kind habe ich das nicht kapiert. Da macht es dir doch gerade Spaß, auf einem Sofa herumzuhopsen, und du findest es nicht gut, dass du dich stattdessen wieder ordentlich hinsetzen sollst. Mein Vater meinte natürlich nicht, dass man nie kreativ sein oder schon bestehenden Dingen keine eigene Note geben darf (im Gegenteil, ich habe meine Kreativität und meinen Erfindergeist von ihm). Ich verstehe jetzt aber, dass er schon damals durchschaut hat, dass der Schöpfer eines bestimmten Gegenstandes diesem Gegenstand Eigenschaften gegeben hat, die genau zu der Bestimmung passen, die er vor Augen hatte. Wenn du nun auf einem Sofa herumhopst, dann ist das für eine kurze Zeit sicher in Ordnung, aber langfristig überdehnen sich die Sprungfedern und der Bezug reißt. Du wirst dem Gegenstand (und tatsächlich auch seinem Schöpfer) am ehesten gerecht, wenn du ihn so gebrauchst, wie er gemeint ist.

So ist es auch mit dir und mir. Wir werden unserem Schöpfer am ehesten gerecht, wenn wir so leben, wie wir gemeint sind. Du brauchst dich nicht aufzuplustern, aber auch nicht kleiner zu machen, als du bist. Du darfst einfach sein. Als Adam und Eva im Paradies gelebt haben, ist das schiefgegangen: Sie wollten gerne *mehr* sein als das, wofür sie bestimmt waren. Vielleicht geben die Umstände und deine alte Natur dir das Gefühl, dass man auf dir herumtrampelt oder dass du in eine Schublade gesteckt wirst. Aber du darfst wissen, dass sich Gott dich ausgedacht hat und dass er zu dir sagt: „Lebe so, wie du als Mensch gemeint bist, dann wirst du dir und mir am ehesten gerecht." Ehre deinen Schöpfer, indem du so lebst, wie du gemeint bist!

David hat verstanden, warum es so wichtig ist, sich selbst gut zu kennen. Denn erst dann kannst du Gott die Ehre geben, die ihm gebührt. David ist vollkommen beeindruckt davon, wie Gott ihn geschaffen hat. Er gibt damit nicht an, nein, durch seine Bewunderung gibt er Gott alle Ehre. Lies einmal Psalm 139, z. B. Vers 14: *„Ich danke dir dafür, dass ich wunderbar gemacht bin; wunderbar sind deine Werke; das erkennt meine Seele."*

STEH AUF, WERDE LICHT! DENN DEIN LICHT IST GEKOMMEN UND DIE HERRLICHKEIT DES HERRN IST ÜBER DIR AUFGEGANGEN. *(Jesaja 60,1, Elberfelder Bibel)*

Daniëlle Koudijs, www.powertothemamas.nl

Diesem Text „Steh auf, werde licht!" begegne ich oft. Meistens im Kontext der Entwicklung von Talenten und im Hinblick auf den Ausstieg aus einer Mentalität des Sich-bedienen-Lassens. Es klingt vielversprechend: „Steh auf, werde licht!" Trotzdem merke ich, dass dieser Satz in mir oft Gedanken hervorruft wie: *Oh nein, jetzt werde ich also wieder aufgefordert, etwas zu tun! Bestimmt muss ich mich aktiver in die Gemeinde einbringen. Oder Missionarin werden. Irgendetwas richtig Großes tun.* Das ist schade, denn diesen Druck brauchen wir meiner Meinung nach überhaupt nicht zu verspüren. Denn sein Licht ist schon da!

Seine große Herrlichkeit, seine Liebe. Es ist und war alles schon da. Eigentlich müsstest du dich diesem Text einmal andersherum nähern. Wenn du dir das Lichtwerden nicht verdienen kannst, dann müsstest du also schon von Natur aus licht sein, weil du in Gottes Licht stehst. *Genau, du hast beinahe die Auflösung!*

Gott hat uns mit Gaben und Talenten geschaffen. Betrachte sie einmal als Diamanten in deinem Wesen. Leider sehen wir sie nicht immer. Unsicherheit, schwierige Umstände, Schmerz, Kummer, Sünde, falsch verstandener Glaube ... das sind alles Dinge, die unsere Diamanten hinter einem Schleier verschwinden lassen können (siehe 2. Korinther 3,15, Neues Leben Bibel).

WEG MIT DEM SCHLEIER

Gott ist Liebe, Licht, Gnade – alles, was du nur schön finden kannst. Und genau dasselbe sieht er in uns. Auch du bist schließlich zu seinem Ebenbild geschaffen.

Dass wir es ziemlich vermasselt haben, tut dem keinen Abbruch, wer wir in Wirklichkeit sind. Gott möchte nichts lieber, als dass wir aufstehen, uns von dem abkehren, was uns festhält, und zu ihm in sein Licht kommen. Dann kann er unser Herz verändern, unsere inneren Diamanten schleifen, den Schmerz heilen und uns zeigen, was er wirklich über uns denkt. Indem wir uns auf Jesus ausrichten, verschwindet der Schleier über unserem Wesen, unserer Identität und unseren Gaben. Wenn wir Jesus nachfolgen, dürfen wir licht werden, weil sich seine Herrlichkeit in uns widerspiegelt. Seine Herrlichkeit, sein Licht in uns macht das sichtbar, wozu er uns geschaffen hat und wofür wir gemeint sind.

Gott offenbart sich in dieser Welt durch das Licht, das er ausstrahlt. Und wir dürfen dabei mithelfen. So heißt es im Matthäus-Evangelium: *„Man zündet auch nicht ein Licht an und setzt es unter einen Scheffel, sondern auf einen Leuchter; so leuchtet es allen, die im Hause sind. So lasst euer Licht leuchten vor den Leuten, damit sie eure guten Werke sehen und euren Vater im Himmel preisen."* (5,15-16) Gott zündet dich an und du brauchst das Licht, das in dir brennt, nicht zu verbergen. Begegne anderen Menschen ganz bewusst mit all dem, was Gott in dich hineingelegt hat.

TEIL 3
ANDERE

DIEJENIGEN, DIE GOTT
DIR ANVERTRAUT

3.1 EINLEITUNG

Zum Glück hast du die ersten beiden Teile dieses Buches schon gelesen, bevor du darüber nachdenkst, wer die anderen in deinem Leben sind, denen du mit deinem Talent dienen kannst. Gott ist allmächtig. Es gibt außer ihm selbst keine Quelle, aus der sich seine Macht und Kraft speist. Das gilt allerdings nicht für uns, für mich und dich. Du brauchst eine Quelle, aus der du schöpfen kannst, damit du auch etwas weiterzugeben hast. Wenn du mit Gott verbunden bist, dann füllt er deine Persönlichkeit mit seinem Lebenswasser. Und der Schleier, der manchmal über deiner Persönlichkeit liegt, fällt wie von selbst ab. Du kannst anderen freimütig und großzügig begegnen mit allem, was Gott dir schenkt.

Das macht es dir erst möglich, andere so zu lieben, wie Gott dich geliebt hat. Dann kannst du auch die Lebenseinstellung annehmen, die Jesus vorgelebt hat: *Jeder von uns soll das Wohl des anderen im Blick haben und so leben, dass er ihn zum Guten ermutigt und im Glauben stärkt.* (Römer 15,2, Hoffnung für alle)

Ich finde es allerdings wichtig, gut zwischen *den anderen im Blick haben* und *das Wohl des anderen im Blick haben* zu unterscheiden. Dazu ein Beispiel: Mein allererstes Praktikum habe ich bei einem Kommunikationsunternehmen absolviert. Es gab dort *einen* Kunden, der ständig irgendwelche Extrawünsche hatte. Weil es ein Kunde war, versuchte ich, seinen Forderungen nachzukommen. Bis eines Tage das Maß voll war. Ich saß mit Grippe im Büro und arbeitete dennoch eisenhart weiter, weil der Kunde noch immer nicht zufrieden war. Irgendwann bin ich dann dem Kunden gegenüber explodiert. Als ich das hinterher meinem Praktikumsbegleiter erzählt habe, hat er mir gesagt: „Joanneke, der Kunde ist König, aber dazu muss er sich auch wie ein König benehmen."

Was für eine wichtige Lektion! Ein König ist jemand, der regiert, der für alles Verantwortung übernimmt und weiß, was das Beste ist. Dieser Kunde wusste das alles nicht. Es wäre meine Rolle gewesen, ihm das zu sagen. Ich musste lernen, an seiner Stelle zu „regieren" bzw. Verantwortung zu übernehmen. Gemeinsam mit meinem Praktikumsbegleiter habe ich schließlich eine Reihe von guten Entscheidungen getroffen. Das hat mir Ruhe gegeben und dem besagten Kunden schließlich auch.

Also: Gott fordert dich nicht auf, dich an

den Sehnsüchten und den Bedürfnissen anderer auszurichten. Auch die anderen sind nämlich von Natur aus auf sich selbst ausgerichtet. Gott fordert dich auf, dich auf *das Wohl* des anderen hin auszurichten. Nicht als jemand, der es ständig besser weiß, sondern als einer, der sich suchend nach dem Besten sehnt. Nach dem, was den anderen näher zu Gott bringt. *„So lasst euer Licht leuchten vor den Leuten, damit sie eure guten Werke sehen und euren Vater im Himmel preisen."* (Matthäus 5,16)

3.2

DIE ANDEREN - WER IST DAS?

In 1. Petrus 4,10 sagt Petrus: *„Jeder soll dem anderen mit der Begabung dienen, die ihm Gott gegeben hat."* (Hoffnung für alle) Wen meint Petrus mit „dem anderen"? Ich denke, dass damit in erster Linie die Mitglieder der ersten Gemeinde angesprochen sind, also die Gruppe von Leuten, an die er seinen Brief geschrieben hat.

So heißt es z. B. im Galaterbrief: *„Darum, solange wir noch Zeit haben, lasst uns Gutes tun an jedermann, allermeist aber an des Glaubens Genossen."* (6,10) Das kommt einem auf den ersten Blick vielleicht ein bisschen unehrlich und „nach innen gerichtet" vor. Wenn du jedoch länger darüber nachdenkst, siehst du vielleicht, welche einladende Kraft hiervon ausgeht. Lies nur einmal Apostelgeschichte 2,46-47, wo die Auswirkungen dieses Verhaltens beschrieben werden: *„Und sie waren täglich einmütig beieinander im Tempel und brachen das Brot hier und dort in den Häusern, hielten die Mahlzeiten mit Freude und lauterem Herzen und lobten Gott und fanden Wohlwollen beim ganzen Volk. Der Herr aber fügte täglich zur Gemeinde hinzu, die gerettet wurden."*

So wie immer ist Gott der Zeit weit voraus. Er beherzigte schon lange das, was Birkigt und Stadler in ihrem Modell von „Corporate Identity" und „Corporate Image" beschrieben haben. Sie sagen: Wenn du deine Identität durchgehend in deinem Verhalten, deiner Kommunikation und deinen Symbolen sichtbar werden lässt, dann machen sich andere auf dieser Grundlage ein Bild von dir oder deiner Organisation. Ich muss ehrlich zugeben, dass ich es manchmal einfacher finde, einem Obdachlosen zu helfen, als meine Glaubensgeschwister als Kinder Gottes zu betrachten. Es ist leichter, darüber zu sprechen, was wir von irgendetwas halten, als darüber, wie wir miteinander umgehen sollen. Doch der Epheserbrief erinnert uns: *„Setzt alles daran, dass die Einheit, wie sie der Geist Gottes schenkt, bestehen bleibt. Sein Friede verbindet euch miteinander."* (Epheser 4,3, Hoffnung für alle)

Es ist wissenschaftlich erwiesen, dass qualitativ gute Beziehungen zu anderen dafür sorgen, dass du dein Leben als glücklich empfindest. Gute Beziehungen haben einen Einfluss sowohl auf deine physische wie auch deine psychische Verfassung. Das passt natürlich haargenau zu dem Entwurf Gottes für diese Welt. Gott hat dich für die Begegnung geschaffen, für Beziehung und Gemeinschaft. Deine Identität ist auf bedeutungsvolle Beziehungen zu anderen hin ausgelegt. Es geht nicht darum, dass du einen riesigen Freundeskreis besitzt, sondern dass du tief gehende, vertrauensvolle Beziehungen aufbaust, in denen du wirklich du selbst sein kannst.

3.3

ANDERE WIRKLICH VERSTEHEN

„Hast du es an den Ohren?" „Du stellst ja nur auf Durchzug." „Wer nicht hören will, muss fühlen." Es gibt eine Menge Sprüche, mit denen wir deutlich machen, dass andere nicht hören, was wir zu sagen haben. Ich kenne dagegen nicht sehr viele Aussprüche, in denen es ums *Zuhören* geht. Der Spruch, der da noch am nächsten dran ist, lautet: „Reden ist Silber, Schweigen ist Gold." Aber eigentlich sagt dieser Spruch doch auch nur, dass es besser ist, den Mund zu halten, und redet nicht notwendigerweise davon, die Ohren zu öffnen.

Zuhören scheint enorm schwierig für uns Menschen zu sein, da wir dazu neigen, auf uns selbst gerichtet zu leben. Das größte Kommunikationsproblem ist deshalb, dass wir meist nur zuhören, um darauf reagieren zu können, und nicht, um zu verstehen, was ein anderer wirklich meint.

Zuhören, um zu reagieren

Wenn du zuhörst, um zu reagieren, suchst du nach den „Haken" in der Geschichte des anderen. Haken, an denen du deine eigenen Ratschläge, deine eigenen Geschichten oder Fragen aufhängen kannst. Du kennst mit Sicherheit jemanden, der immer alles besser weiß, der etwas Schlimmeres oder gerade viel Schöneres erlebt hat als du. Tatsächlich reagiert beinahe jeder auf diese Weise auf andere, und wenn es nur im Kleinen ist. Meistens hat das mit den Gedanken zu tun, die du über dich selbst hast. Zum Beispiel: Ich muss jetzt wohl einen wertvollen Ratschlag geben, oder: Die Aussprüche meiner eigenen Kinder sind aber noch süßer.

Zuhören, um zu verstehen

Wenn du jedoch zuhörst, um zu verstehen, suchst du nach den Motiven und den Beweggründen des anderen. Auf diese Weise hörst du „suchend" zu. Du versuchst zu verstehen, was jemand wirklich sagt und meint, auch nonverbal.

AUFGABE

Trage einmal einen Tag lang ein Notizbuch mit dir herum und beschreibe darin die kurzen Gespräche, die du an diesem Tag zu hören bekommst. Schreibe Folgendes auf: Was ist deiner Meinung nach die Intention

dieser Unterhaltung (oder: die Intention der Gesprächspartner, wenn du z. B. ein Gespräch beschreibst, das du zufällig in einem Supermarkt mitbekommst)?
Was möchten die Gesprächspartner deiner Meinung nach wirklich?
Wie haben die Gesprächspartner das geäußert?

Wenn du ein Notizbuch zu irritierend findest, dann setze dich einmal an einen geschäftigen öffentlichen Ort und versuche zu beobachten, was du an nonverbaler Kommunikation bei den Menschen um dich herum erkennen kannst. Es ist überraschend, wie viel du wahrnimmst, wenn du nur aufmerksam genug hinschaust.

Evaluation
Welche unterschiedlichen Intentionen bei der Gesprächsführung sind dir aufgefallen? Woran hast du diese Intentionen erkennen können, als du die Gesprächspartner beobachtet hast?

SCHWIMMEN
Das Führen eines Gesprächs kannst du mit dem Schwimmen vergleichen. Wenn jemand schwimmt, siehst du in der Regel nur seinen Kopf aus dem Wasser herausschauen. Der Teil des Körpers, in dem das Herz sitzt, bleibt unter Wasser. Was in einem Gespräch gesagt wird, ist gleichbedeutend mit dem Kopf, der über das Wasser herausragt. Das sind die Sätze, die tatsächlich laut geäußert werden. Der Teil, der allerdings meist verborgen bleibt, ist deine Intention, das, was du wirklich willst und was dir wichtig ist. Wenn du also besser verstehen möchtest, was ein Gesprächspartner wirklich sagt, dann musst du auf den Teil des Gesprächs achten, der unter der Wasseroberfläche mitschwimmt. Du musst nicht selbst den Kopf unter Wasser stecken, um zu verstehen, was ein anderer meint. Es geht nicht darum, dass du eine Taucherbrille aufsetzt, um genau zu analysieren, was alles unter Wasser geschieht. Es ist furchtbar ermüdend, unter Wasser zu schwimmen und dabei die ganze Zeit die Luft anhalten zu müssen. Mit ein wenig Übung allerdings lernst du, wie du den anderen ermutigen kannst, die Dinge an die Oberfläche zu bringen, die normalerweise unter Wasser bleiben. Wenn du gut zuhörst, hilfst du gleichzeitig dem anderen, sich selbst zuzuhören.

DEMUT MACHT AUS CHRISTEN KEINE SCHWÄCHLINGE. IM GEGENTEIL.

Simon van der Kooij ist ein selbständiger Unternehmer innerhalb der Kirche. Er unterstützt Gemeinden beim Betreuen und Verbessern des Ehrenamtes. Vor ein paar Jahren musste er wegen eines Burn-Outs eine Weile mit seiner Arbeit pausieren. „Ich habe wirklich geglaubt, dass alles von mir abhängt. Aber daran gehst du als Mensch letztlich kaputt."

„Es folgte ein langer Prozess im Verlauf dessen ich gelernt habe, dass eine demütige Haltung für mich als Christ das Allerwichtigste ist. Das hört sich vielleicht etwas seltsam an. In dieser Gesellschaft wird Demut oft mit dem Gefühl verbunden, dass man sich zum Fußabtreter macht, auf sich herumtrampeln lässt. Wenn du jedoch gerade von einem Burn-out betroffen bist, musst du eigentlich lernen, gute Grenzen zu ziehen und dich zu schützen. Doch richtig verstandene Demut macht aus Christen keine Schwächlinge. Im Gegenteil!"

Genieße, was du tust

„Ich bin ‚außergewöhnlich gewöhnlich', das muss ich mir selbst immer wieder sagen. Natürlich ist meine DNA anders als deine. Aber dadurch, dass ich etwas Besonderes tue oder vielleicht Karriere mache, bin ich vor Gott nicht mehr wert als du. Am Ende sterben wir alle und die Murmeln, die wir uns hier beim Spielen verdient haben (um ein schönes Bild aus der Kindheit zu gebrauchen), müssen wir zurücklassen. Bitte genieße deshalb einfach das Murmelspielen! Gott genießt es auch, wenn ich mich mit Vergnügen und Leidenschaft für andere einsetze. Es ist für ihn nicht das Wichtigste, ob das, was ich tue, auch Erfolg hat. Gott geht es eher um meine Motivation während des Prozesses, nicht um das Endergebnis."

Was will Gott?

„Um diese Frage für dich zu beantworten, ist es hilfreich, dass du dich selbst besser kennenlernst. An mir merke ich z. B., dass ich sehr sensibel dafür bin, was andere über mich denken. Und ich muss mir immer wieder bewusst sagen: ‚Simon, entscheide dich jetzt dafür, dich nicht durch das leiten zu lassen, was andere möglicherweise von dir denken. Frage lieber: Was will Gott, was sollst du seiner Meinung nach tun?' Das ist mir nur möglich, weil Gottes Geist in mir lebt. Der tippt mir in solchen Augenblicken auf die Schulter und macht mir bewusst, welche Optionen ich habe."

Überheblichkeit

„Das Leid in der Welt ist zu groß, als dass wir es uns alles auf die Schultern laden könnten. Menschen, die zur Überheblichkeit neigen, schauen in den Spiegel und denken: Die Welt braucht mich unbedingt! Sie legen sich die Messlatte hoch und *müssen* sie überspringen, sonst haben sie das Gefühl, zu versagen. Aber nicht nur sie neigen dazu, alle Arbeit an sich zu ziehen, sondern auch Menschen, die zu wenig von sich halten und andere über sich stellen. Menschen hingegen, die sich in Demut üben, haben weniger Probleme damit, ‚Nein' zu sagen oder freiwillig mit anzupacken, wenn ihr Tagesplan das zulässt. Sie machen sich klar, dass sie unter der direkten Herrschaft Gottes stehen, und beurteilen sich nicht ständig."

Demut

„Menschen mit einer demütigen Haltung können dabei durchaus wichtige berufliche Positionen versehen. Sie tun das, weil sie davon überzeugt sind, dass sie in ihrem Verantwortungsbereich ihre Talente am besten einsetzen und anderen Menschen dadurch dienen können. Und nicht, weil sie unbedingt eine großartige Karriere machen wollen."

Lebe im Paradies. Jetzt.

„Wenn wir mehr verdienen, als wir brauchen, dann haben wir meist das Gefühl, diesen Überschuss auch ausgeben zu müssen. Aber: Gib das Geld doch einfach weg an die, die es wirklich nötig haben! Bis zu einem bestimmten Level kann Geld tatsächlich dazu beitragen, dich glücklich zu machen. Aber wenn du ohnehin ein sehr gutes Durchschnittseinkommen hast, dann brauchst du nicht noch mehr Geld, um glücklich zu sein. Dadurch, dass wir immer mehr haben wollen, als wir brauchen, fordern wir auch Dinge von uns, die überhaupt nicht zu unserer Identität und unseren Talenten passen. Das kann z. B. eine Arbeitsstelle sein, deren Anforderungen im Grunde zu hoch für uns sind. Das ist sehr schade. Lebe einfach wieder im Paradies! Beackere den Boden, der dir gegeben ist, und genieße es. Das Reich Gottes beginnt schon hier und jetzt und ist ein Königreich, in dem sich die Menschen umeinander kümmern. Das ist auch der Grund, warum wir als Gemeinde zusammenkommen: um das Reich Gottes zu bauen, indem wir füreinander sorgen."

Simon hat das Buch *Maak me minder* (Mache mich kleiner) geschrieben, in dem er ausführlicher darstellt, wie man eine demütige Lebenseinstellung einübt.

SIMONS CUP OF TEA

- *Werben, anleiten und bestätigen.* Ich genieße es, Menschen für eine bestimmte Aufgabe zu *werben* und sie darin *anzuleiten*, wie sie diese Aufgabe auch ausführen können. Anschließend *bestätige* ich sie darin, wie gut sie ihre Aufgabe erfüllen.

3.4

METHODEN ZUM ZUHÖREN

Es gibt viele verschiedene Weisen zu lernen, einen anderen besser zu verstehen. Im ersten Teil dieses Buches hast du schon die DISG-Analyse kennengelernt. Wenn du dich selbst besser verstehst, dann wird dir auch bewusst, warum du andere manchmal nicht begreifst. Deshalb möchte ich dir noch zwei weitere Methoden vorstellen.

Mit vier Ohren zuhören

Der Kommunikationswissenschaftler Friedemann Schulz von Thun hat herausgefunden, dass du auf vier verschiedene Arten sprechen und zuhören kannst.[15] In jeder Aussage können vier Aspekte eine Rolle spielen. Ich nenne sie dir nun und erläutere sie anhand des folgenden Beispiels: *Der Beifahrer sagt zum Fahrer: „Die Ampel ist grün."*

Der Sachaspekt bezieht sich auf den Inhalt der Botschaft. Im Fall der Ampel besteht der Sachaspekt lediglich aus der Mitteilung, dass die Ampel grün ist.

Die Appellebene beschreibt die Aufforderung, die vom Sender an den Empfänger gerichtet ist. Im Fall der Ampel besteht der Appell darin, Gas zu geben und loszufahren.

Der Beziehungsaspekt betrifft den Teil der Botschaft, mit dem der Beifahrer etwas über den Fahrer aussagen möchte. Zum Beispiel: *Du träumst mal wieder.*

Die Ebene der Selbstoffenbarung bezieht sich auf den Teil der Botschaft, in dem der Sender etwas über sich selbst aussagt. Zum Beispiel: *Ich habe es eilig.*

Bei den ersten beiden Aspekten geht es vor allem um die Aufgabe, die der Botschaft zugrunde liegt (die Ampel ist grün, ich muss etwas unternehmen). Bei den letzten beiden Aspekten kommen auch der Mensch und seine Gefühle zum Tragen. Das betrifft den Teil der Botschaft, der „unter Wasser / unter der Oberfläche" kommuniziert wird („Die Ampel ist grün" – was sagt das über mich?).

Jeder von uns hat eine bestimmte Neigung, die Dinge so oder so zu hören oder zu sagen. Von Natur aus hast du z. B. die Neigung, alles, was zu dir gesagt wird, als Appell zu hören. Oder in fast allem, was zu dir gesagt wird, auch etwas zu hören, das sich auf deine Persönlichkeit bezieht.

Da kann es hilfreich sein, wenn du dir deine natürliche Haltung beim Hören auch noch einmal mit Hilfe der DISG-Analyse ansiehst: Wenn du vor allem sachorientiert bist, hörst du dann auch vor allem mit dem „Sachohr" oder eher mit dem „Appellohr"? Oder wenn du vor allem menschenorientiert bist, hörst du dann vor allem mit dem „Beziehungsohr" oder mit dem „Selbstoffenbarungsohr"?

AUFGABE

Versuche in dieser Woche ein- oder zweimal bewusst mit einem anderen der vier Ohren zu hören. Hörst du nun andere Dinge, als du normalerweise hören würdest?
Tipp: Du kannst bei deinem Gesprächspartner überprüfen, ob du mit dem richtigen Ohr hingehört hast. Du kannst zum Beispiel fragen: „Was möchtest du mir damit eigentlich sagen?", oder: „Stimmt es, dass das jetzt vor allem als Appell gemeint war?"

Covey: empathisch zuhören

Stephen Covey erklärt in seinem Bestseller *Die sieben Wege zur Effektivität. Ein Konzept zur Meisterung Ihres beruflichen und privaten Lebens*, dass es wichtig ist, zu verstehen, bevor man selbst verstanden wird.

Er nennt dazu fünf Fähigkeiten, die du einsetzen kannst, um effektiv zu kommunizieren.[16] Ich nenne sie im Folgenden und erläutere sie anhand eines Gesprächs am Küchentisch.

1. Wiederhole, was ein anderer sagt.
„In der Schule war es doof, die ist echt langweilig."
„Du findest es in der Schule doof und langweilig."
2. Formuliere um, was ein anderer sagt.
„In der Schule war es doof, die ist echt langweilig."
„In der Schule hat es dir nicht gefallen."
3. Sprich das Gefühl aus, das der andere dir offenbart.
„In der Schule war es doof, die ist echt langweilig."
„Du hast dich in der Schule gelangweilt."
4. Kombiniere: Formuliere neu, was der andere tatsächlich sagt (Inhalt) und welches Gefühl er dir damit kommuniziert.
„In der Schule war es doof, die ist echt langweilig."
„Die Schule hat dir nicht gefallen, weil du dich gelangweilt hast."
5. Höre empathisch zu.
„In der Schule war es doof, die ist echt langweilig."

„Die Schule hat dir nicht gefallen, weil du dich gelangweilt hast."

„Ja, das stimmt, wir haben uns heute damit beschäftigt, wie man ein Thermometer abliest, und ich hatte es schon lange verstanden, musste mir aber noch ewig lange Erklärungen anhören."

„Du hast etwas lernen müssen, was du deiner Meinung nach schon lange verstanden hattest."

„Ja, und ich habe mit der Lehrerin ein Gespräch nach der siebten und achten Stunde verabredet, weil ich wissen möchte, ob ich wieder ohne Extra-Erklärungen arbeiten kann."

„Die siebte und achte Stunde sind jetzt vorbei, wie ich ahne, und du sitzt hier und wartest auf deine Lehrerin."

„Wir haben das Gespräch schon vor drei Tagen verabredet. Ich glaube, die Lehrerin hat mich vergessen!"

„Für dein Gefühl dauert es sehr lange, bis die Lehrerin sich mit dir zum Gespräch treffen möchte, und jetzt hast du Angst, sie könnte dich vergessen haben."

„Ja, aber die Lehrerin braucht natürlich erst ein bisschen Zeit, um sich meine Arbeit anzuschauen."

Die ersten vier Fähigkeiten kannst du lernen und dann auch anwenden. Die fünfte Fähigkeit, nämlich empathisch zuzuhören, ist nichts, was du einfach nur anzuwenden brauchst. Empathisch zuzuhören ist eher eine Lebenseinstellung, eine Weise des *Seins*. Du suchst bei dem anderen nicht nach den Haken, auf die du reagieren kannst. Du hältst dich mit dem Urteilen zurück und benennst nur, was du hörst und fühlst. Tatsächlich ist das für dich eine viel entspanntere Zuhörmethode, weil du nicht ständig „unter Wasser" musst.

ES GEHT NICHT DARUM, DASS DU DIE PERFEKTE ANTWORT HAST, SONDERN DARUM, DASS DU WEISST, DASS DU NICHT ALLEIN BIST.

Frère Jasper ist 33 Jahre alt und hat sich der ökumenischen Bruderschaft von Taizé angeschlossen. Jedes Jahr kommen Tausende junge Menschen aus der ganzen Welt in diesen kleinen Ort in Frankreich. Sie leben eine Woche mit den Brüdern mit. Viele von ihnen erzählen, dass ihnen das gefällt, weil sie „wirklich sie selbst" sein können. „Ich begreife immer mehr, wie schön es ist, dass junge Menschen bei Gott und der Kirche sie selbst sein können. Wie bedeutsam und wichtig das ist, sollte man nicht unterschätzen."

„Wenn junge Leute entdecken, dass sie bei Gott wirklich sie selbst sein können, dann ist das etwas ganz Wundervolles. Einerseits hilft es ihnen, ein gutes Gottesbild zu bekommen, denn manche denken vielleicht so: ‚Gott ist immer zornig auf mich. Bei ihm bin ich nur willkommen, wenn ich nie etwas falsch mache und perfekt bin. Das bin ich aber nicht, also bin ich bei Gott wohl auch nicht willkommen.' Nein, das stimmt nicht. Bei Gott darfst du wirklich du selbst sein.

Andererseits ist es auch für die Kirche wichtig. Viele junge Leute, die hierherkommen, wissen wenig von der Kirche, und was sie wissen, stimmt oft nicht mit den Intentionen der Kirche überein. Die Kirche ist eine Gruppe von Freunden, von Menschen, die zusammen leben wollen und einander akzeptieren, so wie sie sind, weil Gott sie so geschaffen hat. Es geht hier also nicht darum, dass der andere so wird, wie ich ihn gerne hätte, sondern darum, dass du sagst: ‚Okay, Gott hat denjenigen so geschaffen, was können wir nun gemeinsam tun?'"

UNABHÄNGIGE EINZELWESEN

„Wir haben im Westen die Vorstellung, dass jeder ein unabhängiges Einzelwesen ist. Um dich selbst zu finden, so ist die Idee, musst du dich absondern. Die Bibel allerdings zeigt uns die Menschen als Beziehungswesen. Wir werden erst dann wirklich wir selbst, wenn wir uns für andere und für Gott öffnen. Wir verlieren uns selbst insofern, als dass wir die Vorstellung von uns selbst als autonomen Wesen aufgeben. Stattdessen finden wir heraus, wer wir wirklich sind, nämlich Menschen, die aufeinander angewiesen bleiben. Das bedeutet natürlich, dass wir nicht vollkommen frei sind. Wenn wir jedoch andere Menschen in unser Leben aufnehmen, wenn wir Gott in unser Leben lassen, machen wir die Erfahrung, dass wir dadurch eine große Freiheit erhalten. Diese Freiheit ist bedeutender als die Freiheit, in jedem Augenblick das tun zu können, was wir tun möchten."

WER WIR WIRKLICH SIND

„Das ist nicht immer einfach. Auch nicht, wenn du zur Bruderschaft von Taizé gehörst. Die jungen Leute, die eine Woche hier mit uns leben, sollen diese Erfahrung machen können: Sie dürfen sie selbst sein und das ist schön. Aber sie merken auch, dass das Zusammenleben, die Duschen teilen, gemeinsam auf so engem Raum zu wohnen nicht immer einfach ist. Wir verstehen einander manchmal nicht und setzen unterschiedliche Prioritäten. Ob es nun um Glaube geht oder um Gemeinschaft, wir wollen in Taizé nicht den Eindruck vermitteln: ‚Das ist alles ganz einfach, warum gelingt das nicht jedem?' Nein, wir sagen und zeigen, dass es manchmal durchaus sehr schwierig sein kann, dem Mitmenschen oder Gott zu vertrauen. Aber es ist wirklich der Mühe wert. Das bringt uns dem am nächsten, wer wir wirklich sind – Gemeinschaftsmenschen."

SICH FREUEN

„Ich habe mir meine Brüder in Taizé nicht ausgesucht. Ich habe mir aber die Gemeinschaft ausgesucht, damit meine ich: Es hat mich niemand gezwungen, in die Bruderschaft einzutreten. Doch von meinen Mitbrüdern habe ich mir keinen einzigen selbst ausgesucht. Also könnte ich mein ganzes Leben lang traurig durch den Tag gehen und denken: Oh nein, warum sind die nicht anders? Warum sind die nicht so, wie ich bin? Ich kann mich aber auch dafür entscheiden, mich darüber zu freuen, dass sie schlichtweg so sind, wie Gott sie geschaffen hat. Und dass es nicht darum geht, was ich tun kann, um diesen oder jenen zu verändern. Sondern: Was kann ich heute tun, damit dieser oder jener Christus besser nachfolgen kann?"

FELS UND STOLPERSTEIN

„Gemeinschaft bleibt immer sehr zerbrechlich. Das gilt auch für den Glauben. Wenn du sagst: ‚Ich bin zum Glauben gekommen und jetzt muss es gut werden, ich darf nie mehr zweifeln', dann besteht das Risiko, dass du das mit allerlei menschlichen Tricks sicherstellen willst. Christus zu folgen, das ist ein enormes Risiko. Es stimmt, dass Gott ein Fels ist, aber Gott ist auch ein Stolperstein. Er ist auch jemand, der dich jedes Mal wieder zum Nachdenken bringt und der dafür sorgt, dass du nach und nach verstehst, dass viele Zusammenhänge in der Welt doch anders sind, als du es dir vorgestellt hast. Oder dass Gott anders ist, als du ihn dir vorgestellt hast. Dazu musst du bereit sein – dass die Sicherheit des Glaubens zugleich auch die größte Unsicherheit in deinem Leben ist."

KEINE PERFEKTEN ANTWORTEN

„Wenn ich abends in der Kirche bleibe, um noch kurz mit jungen Leuten zu sprechen, dann merke ich manchmal: Die wichtigste Botschaft ist, dass ich auch nicht alles weiß und wissen kann. Das befreit sie mehr, als wenn ich sagen würde: ‚So ist es.' Es geht nicht um die perfekte Antwort, sondern darum, dass du zu begreifen beginnst, dass du nicht alleine bist."

FRÈRE JASPERS CUP OF TEA

- Immer wieder aufs Neue zu entdecken, was in jedem Augenblick tatsächlich wichtig ist.

3.5

TALENT FÜR DEINEN KONTEXT

Oft wird gesagt: Talent ist erst dann Talent, wenn es durch andere als solches erkannt wird. Aber weißt du, was schön ist? Du darfst ganz entspannt sein, auch wenn andere dein Talent nicht erkennen. Es gibt nämlich jemanden, der um dein Talent weiß wie kein anderer! Der Schöpfer deines Talents. Das schafft dir Freiraum, um abzuwägen: Was ist das Beste in dieser Situation, wie kann ich Gutes tun?

Du kannst dein Talent übrigens einsetzen, ohne dass es *direkt* auf andere gerichtet ist. Wenn du dein Talent in deiner Umgebung – deinem Kontext – zur Blüte kommen lässt, dann kommt das *indirekt* auch anderen zugute. Das kann z. B. dadurch geschehen, dass du deinen Vorgarten liebevoll pflegst, sodass sich die Vorübergehenden daran erfreuen. Oder dass du Blumen auf öffentlichen Plätzen aussäst, auf einer kahlen Tür mit Kreide einen humorvollen Spruch hinterlässt oder einen Passanten anlächelst. Wenn du sensibel und aufmerksam deine Umgebung und deine Mitmenschen wahrnimmst, dann entdeckst du mit der Zeit von selbst, wo deine Fürsorge, Liebe, Zeit und dein Talent von Nutzen und Segen sein können.

Ein weiser Mann, den ich einmal traf, hat zu mir gesagt: „Wenn du Aufmerksamkeit einüben willst, dann fang erst einmal damit an, deine Zimmerpflanzen gut zu versorgen. Sieh jeden Tag kurz nach ihnen, drehe sie ein wenig der Sonne zu, besprühe sie mit einem Pflanzensprüher." Wenn du eine eher extrovertierte Persönlichkeit hast, ist das vielleicht eine schwierige Aufgabe. Für mich ist es das auf jeden Fall. Aber ich habe gelernt, dass es wichtig ist, aufmerksam den Kontext zu betrachten, in den wir gestellt sind, und zu entdecken, welche Einladung dort auf uns wartet.

ZUHÖREN, UM ZU VERSTEHEN: BIST DU ACKER ODER WEIZENKORN?

Ein Bauer geht über das Land. Er hat ein Tuch um seinen Oberkörper geknotet und schlendert ruhig über seinen Acker. Die Sonne scheint ihm heiß auf den Kopf. In dem Tuch befindet sich das Saatgut: Weizenkörner. Er hat sie bis jetzt dicht am Körper getragen, doch jetzt ist es Zeit, sie auszusäen. Der Bauer freut sich schon auf die Ernte. Bald wird er das Werk seiner Hände aufwachsen sehen und nach einiger Zeit wird er den Weizen dann ernten können. Er sieht es schon vor sich: Das wird eine Spitzenernte werden! Zur Sicherheit streut er verschwenderisch den Samen aus, manchmal sogar so großzügig, dass die Saat auch auf Stellen fällt, wo sie nicht aufgehen wird. Doch besser etwas zu viel aussäen als zu wenig!

Du kennst das Gleichnis vom Sämann sicher gut. Wenn du möchtest, kannst du es noch einmal in Matthäus 13,3-23 nachlesen. In dem Gleichnis gibt es im Grunde drei „Rollen": den Sämann, die Saat und den Acker. In der traditionellen Auslegung des Gleichnisses ist Gott der Sämann und du bist der Acker, auf den das Wort Gottes (die Saat) fällt. Wahrscheinlich hast du die Warnung, die in dieser Geschichte steckt, auch schon gehört: Auf welche Sorte Acker fällt das Wort Gottes bei dir? Fällt es auf „guten Boden"? Es ist nicht verkehrt, sich das ab und zu einmal zu fragen. Dennoch habe ich unlängst einen neuen Blick auf dieses Gleichnis entdeckt.

GESÄT WERDEN

Als Jesus dieses Gleichnis auslegt, verwendet er Formulierungen wie „der an den Weg gesät ist … der auf felsigen Boden gesät ist … der auf das gute Land gesät ist …" Menschen werden gesät – kann man das Gleichnis auch auf diese Weise betrachten? Du bist die Saat, die der Sämann reichlich verstreut. Du hast keinen Einfluss darauf, wohin du gesät wirst. Der eine wird in Afrika geboren, die andere in Afghanistan und wieder andere in den Niederlanden oder in Deutschland. Der eine wird in eine Arbeiterfamilie hineingeboren, die andere ins Königshaus und der Nächste in eine Akademikerfamilie. Der Sämann hat das Korn dicht bei sich getragen und danach mit seinen eigenen Händen ausgesät.

Reichlich ausgesät, über den ganzen Acker. In dem Wissen, dass jedes Korn womöglich hundert, sechzig oder dreißig Weizenkörner hervorbringt!

FRUCHTBARER BODEN

Wenn du das Gleichnis so verstehst, kannst du den Acker, auf den gesät wird, auf zweierlei Weise betrachten:

1. Der Boden, in den du gesät bist, ist die Quelle, der du deine Nährstoffe entnehmen darfst. Das ist guter Boden! Lass dich von der Sonne und dem Wasser nähren – beides will dir der Sämann liebevoll zur Verfügung stellen!

2. Der Boden, in den du gesät bist, ist auch der Ort, an dem du Frucht bringen darfst. Der Sämann legt keinen Maßstab an dich an, so als ob du mindestens hundertfach Frucht bringen müsstest. Nein, der Sämann ist realistisch. Er weiß, dass ein Saatkorn nur das sein kann, wozu es bestimmt ist. Es bringt von selbst die Frucht, die ihm – in dem Kontext, in den es gesät wurde – möglich ist. Wenn du dich säen lassen willst, dann darfst du Jesus nachfolgen. Er ist der Sämann, der selbst bereit war, den Weg des Weizenkorns zu gehen. Er gab nicht mehr, als er geben konnte. Er gab sich selbst.

(frei nach einer Überlegung von Anton Stegeman, Protestantische Gemeinde Zeist, 2005)

3.6

SIEBZEHN WILDE IDEEN

Eine meiner Eigenschaften ist es, dass ich kreativ bin. Die wildesten Ideen sprießen manchmal wie Pilze in meinem Kopf. Aber wenn es dann darauf ankommt, sie umzusetzen, brauche ich oft Eigenschaften, die ich nicht oder nur in geringerem Maße besitze.

Zum Beispiel: Einen Abschnitt dieses Buches habe ich im Restaurant von IKEA geschrieben (danke für die Gastfreundschaft!). Die zweite Tasse Kaffee oder Tee ist dort gratis. Neben mir hat eine Frau gesessen, die offensichtlich verärgert war, aus welchem Grund auch immer. In meinem Kopf ertönte dann sofort ein Stimmchen: „Warum sagst du nicht zu dieser Frau: ‚Ich gehe noch einmal nach vorn, soll ich Ihnen auch ein neues Tässchen Tee mitbringen?'" Doch da ich nicht wusste, wie sie darauf reagieren würde, hatte ich etwas Angst. Da hat mir das Modell von „TEA-Time" geholfen und mich ermutigt. Ich wusste plötzlich: Das Wichtigste ist doch nicht, was sie von mir denkt, sondern was ich geschenkt bekommen habe und wie ich ihr damit dienen kann. Ich fasste mir also ein Herz und bot der Frau an, ihr eine Tasse Tee mitzubringen. Sie fand es großartig, hat dann ihre Tasse Tee ausgetrunken und ist kurze Zeit später fröhlich gegangen. Und ich? Ich konnte für den Rest des Nachmittags inspirierter als zuvor weiterschreiben.

Hier, gegen Ende des Buches, gebe ich dir siebzehn etwas verrückte Ideen an die Hand, die dich inspirieren können, ein fruchtbares Weizenkorn zu sein. Anregungen, die dir helfen, „dein Ding" bzw. „your cup of tea" zu finden und umzusetzen. Es sind kleine, einfache Aktionen. Mache daraus keine Liste zum Abhaken, denn nicht jede Idee ist „dein Ding" und muss es auch gar nicht sein. Ich habe sie aufgeschrieben, weil sie mir entsprechen und weil diese Ideen dich anregen können, weiterzudenken und eigene Aktionen zu entwickeln, durch die du deine **T**alente zur **E**hre Gottes für **A**ndere einsetzen kannst. Entdecke deine „**TEA-**Time"!

REFLEXION

Wenn du möchtest, kannst du die folgenden Fragen benutzen, um deine Aktionen hinterher oder auch vor ihrer Ausführung zu reflektieren:

1. Welche gute Eigenschaft kannst du durch diese Idee aktivieren?
2. Welche Eigenschaft brauchst du, um diese Idee auszuführen?
3. In welchen Boden bist du als Weizenkorn gesät?
4. Wer oder was kann für dich in dieser Situation Sonnenlicht oder Wasser sein, sodass du Frucht bringen darfst?

#idee1

Fülle ein großes Einmachglas mit ein paar gepflückten oder gekauften Blumen. Binde eine Schleife darum und bringe es zu den Nachbarn, um ein wenig „Aufblühen" zu verschenken.

#idee2

Schenke einem Freund oder einer Freundin einen Apfel und sage ihm oder ihr, was du an ihm oder ihr so sehr schätzt.

#idee3

Biete einem Menschen, der mit dir in der Kassenschlange steht, an, seine Einkäufe zu bezahlen.

#idee4

Nimm Putzsachen mit auf die Arbeit und verleihe den Schreibtischen deiner Kollegen etwas Extraglanz.

#idee5

Verfasse ein kurzes Gedicht über ein wertvolles Erlebnis, das du mit einem anderen Menschen gehabt hast, und überreiche ihm oder ihr das Gedicht (vielleicht in Form eines „Elfchens" oder eines „Akrostichons" – schau dir das mal im Internet an, dann wirst du entdecken, dass das gar nicht so schwer ist).

#Idee6

Streue Blumensamen auf eine kahle öffentliche Stelle.

#Idee7

Klingele bei Nachbarn – bei solchen, die du gut kennst, oder auch bei solchen, die du nicht so gut kennst – und biete ihnen an, den Abwasch zu übernehmen.

#Idee8

Klebe eine Briefmarke auf eine Postkarte und lass sie irgendwo mit einem Zettelchen daran liegen: „Schreiben Sie diese Karte der ersten Person, die Ihnen einfällt."

#idee9

Stecke einen kleinen Geldbetrag in einen Briefumschlag und schreibe ein Briefchen dazu:

„Kaufen Sie sich ein Eis
und genießen Sie es.
Sie werden merken:
Die kleinen Dinge des Lebens
machen uns glücklich."

Wirf diesen Umschlag bei einer unbekannten Person in den Briefkasten.

#Idee10

Kaufe einen Glasmalstift und schreibe einen fröhlichen Spruch auf dein Fenster – einen, der allen, die vorbeigehen, ein Lächeln ins Gesicht zaubert.

#Idee11

Backe Plätzchen mit Brausepulver in verschiedenen Geschmacksrichtungen und stelle sie in einer schönen Schale zum Beispiel in die Personalküche deiner Arbeitsstelle. Lege einen Zettel mit einem passenden Spruch dazu, z. B.: „Ich wünsche euch einen brausenden, prickelnden Tag!"

#Idee12

Frage einmal nach, ob du die örtliche Turnhalle mieten kannst. Organisiere einen Geräteparcours und lade deine Freunde und Familie zu Wettspielen ein – das schafft eine positive Verbundenheit!

#Idee13

Für einen heißen Tag: Fülle zwanzig kleine Wasserpistolen und stelle sie in einer großen Schüssel an einen geschäftigen Ort. Hänge ein Poster mit diesem Text dazu: „Hey, ihr da, bleibt doch mal stehen! Nehmt euch eine Wasserpistole und seid für einen Moment wieder Kinder!"

#Idee14

Für einen kalten Tag: Kaufe Handschuhe und lege sie an einen öffentlichen Ort mit einem Zettel dabei: „Tun dir die Hände weh? Ich teile meine Wärme gern mit dir!"

#Idee15

Erstelle auf YouTube eine Playlist für jemanden, den du gerne magst.

#Idee16

Nimm dir einen großen Sack und laufe durch dein Viertel, um den Müll einzusammeln.

#Idee17

Pflanze einen Schmetterlingsgarten in deinem Hinterhof. Schmetterlinge sind gut für die Natur und machen die Umgebung bunter!

WEITERE ANREGUNGEN

Hast du Lust, dich noch weiter inspirieren zu lassen? Das Folgende kann dir dabei helfen:

1. Das Buch „Du machst den Unterschied: Lebe ein Leben, das Spuren hinterlässt" von Max Lucado.

2. Auf Netflix gibt es ein sehr schönes Interview von David Letterman mit Barack Obama. Suche nach „My next guest". Barack Obama erklärt, wie er zur „Machbarkeit" steht und inwiefern sich seine Sicht von der anderer erfolgreicher Menschen unterscheidet.

3. Suche auf YouTube nach „Sons of Korah", wenn du die Psalmen auf eine ganz neue Weise hören möchtest.

FUSSNOTEN

[1] Centraal Bureau voor de Statistik (20. März 2017). Bijna 90 procent zegt zich gelukkig te voelen: https://www.cbs.nl/nl-nl/nieuws/2017/12/bijna-90-procent-zegt-zich-gelukkig-te-voelen (abgelesen am 25. April 2018).

[2] Engagetv (4. Juni 2010). René Diekstra: Opvoeding: waar schiet Nederland tekort? http://www.engagetv.com/rene_diekstra_opvoeding_waar_schiet_nederland_tekort_congress_opvoedingsondersteuning (abgelesen am 25. April 2018).

[3] Riezebos, R. & Grinten, J. van der (2011). Positioneren: stappenplan voor een scherpe positionering. Den Haag: Boom onderwijs.

[4] Wiktionary (5. März 2018). Zijn: https://nl.wiktionary.org/wiki/zijn#Werkwoord (abgelesen am 25. April 2018).

[5] Wiktionary (5. März 2018). Ergatief: https://nl.wiktionary.org/wiki/WikiWoordenboek:Werkwoord#Ergativiteit (abgelesen am 25. April 2018). Anm. d. Übersetzers: Für eine deutsche Erklärung vgl. https://de.wikipedia.org/wiki/Ergativ.

[6] Duden: Gabe, die: https://www.duden.de/rechtschreibung/Gabe (abgelesen am 18. Januar 2019).

[7] Corporate Identity/Corporate Image van Birkigt en Stadler (15. November 2009): https://www.eurib.net/corporate-identity-corporate-image-van-birkigt-en-stadler

[8] Wikipedia (12. September 2017): Flow (Psychologie): https://de.wikipedia.org/wiki/Flow_(Psychologie) (abgelesen am 19. Januar 2019).

[9] Wikipedia (7. August 2012): Logische niveaus: https://nl.wikipedia.org/wiki/Logische_niveaus (abgelesen am 1. Mai 2018).

[10] Kraaijvanger, C. (28. April 2015): DNA van eeneiige tweeling is nu toch uit elkaar te houden: https://www.scientias.nl/dna-van-eeneiige-tweeling-is-nu-toch-uit-elkaar-te-houden/ (abgelesen am 25. April 2018).

[11] Via Character (o. J.): The VIA Classification of Strengths: www.viacharacter.org/www/Character-Strengths (abgelesen am 1. Mai 2018). © Copyright 2004-2018, VIA Institute on Character. All Rights Reserved. Used with Permission.

[12] © Copyright 2004-2018, VIA Institute on Character. All Rights Reserved. Used with Permission. www.viacharacter.org.

[13] Robbins, J. & Judge, A. (2015): Gedrag in organisaties, Amsterdam: Pearson Benelux.

[14] Derkse, W. (2003): Een levensregel voor beginners, Houten: Lannoo.

[15] Schulz von Thun, F. (2010): Miteinander reden 1: Störungen und Klärungen: Allgemeine Psychologie der Kommunikation, 48. Auflage, Reinbek bei Hamburg: Rowohlt.

[16] Covey, Stephen R. (1996): Die sieben Wege zur Effektivität. Ein Konzept zur Meisterung Ihres beruflichen und privaten Lebens, München: Heyne.